Peter Kairies

So analysieren Sie Ihre Konkurrenz

So analysieren Sie Ihre Konkurrenz

Konkurrenzanalyse und Benchmarking in der Praxis

Dipl.-Ing. Peter Kairies

3., neu bearbeitete Auflage

Mit 82 Bildern und zahlreichen Checklisten

Kontakt & Studium
Band 519

Herausgeber:
Dr.-Ing. Michael Mettner
Technische Akademie Esslingen
Weiterbildungszentrum
DI Elmar Wippler, expert verlag

Begründet von
Prof. Dr. Eugen Kruppke †
Prof. Dr.-Ing. Wilfried J. Bartz

expert verlag

Die Deutsche Bibliothek – CIP-Einheitsaufnahme

Kairies, Peter:
So analysieren Sie Ihre Konkurrenz : Konkurrenzanalyse und Benchmarking in der Praxis ; mit zahlreichen Checklisten / Peter Kairies. - 3., neubearb. Aufl.. - Renningen : expert-Verl., 2002
(Kontakt & Studium ; Bd. 519)
ISBN 3-8169-2163-9

ISBN 3-8169-2163-9

3., neu bearbeitete Auflage 2002
2., neu bearbeitete und erweiterte Auflage 2001
1. Auflage 1997

Bei der Erstellung des Buches wurde mit großer Sorgfalt vorgegangen; trotzdem können Fehler nicht vollständig ausgeschlossen werden. Verlag und Autoren können für fehlerhafte Angaben und deren Folgen weder eine juristische Verantwortung noch irgendeine Haftung übernehmen.
Für Verbesserungsvorschläge und Hinweise auf Fehler sind Verlag und Autoren dankbar.

Herausgeber-Vorwort

Bei der Bewältigung der Zukunftsaufgaben kommt der beruflichen Weiterbildung eine Schlüsselstellung zu. Im Zuge des technischen Fortschritts und angesichts der zunehmenden Konkurrenz müssen wir nicht nur ständig neue Erkenntnisse aufnehmen, sondern auch Anregungen schneller als die Wettbewerber zu marktfähigen Produkten entwickeln.

Erstausbildung oder Studium genügen nicht mehr – lebenslanges Lernen ist gefordert! Berufliche und persönliche Weiterbildung ist eine Investition in die Zukunft:

- Sie dient dazu, Fachkenntnisse zu erweitern und auf den neuesten Stand zu bringen
- sie entwickelt die Fähigkeit, wissenschaftliche Ergebnisse in praktische Problemlösungen umzusetzen
- sie fördert die Persönlichkeitsentwicklung und die Teamfähigkeit.

Diese Ziele lassen sich am besten durch die Teilnahme an Lehrgängen und durch das Studium geeigneter Fachbücher erreichen.

Die Fachbuchreihe Kontakt & Studium wird in Zusammenarbeit zwischen dem expert verlag und der Technischen Akademie Esslingen herausgegeben.

Mit ca. 600 Themenbänden, verfasst von über 2.400 Experten, erfüllt sie nicht nur eine lehrgangsbegleitende Funktion. Ihre eigenständige Bedeutung als eines der kompetentesten und umfangreichsten deutschsprachigen technischen Nachschlagewerke für Studium und Praxis wird von der Fachpresse und der großen Leserschaft gleichermaßen bestätigt. Herausgeber und Verlag freuen sich über weitere kritisch-konstruktive Anregungen aus dem Leserkreis.

Möge dieser Themenband vielen Interessenten helfen und nützen.

Prof. Dr.-Ing. Wilfried J. Bartz | Dipl.-Ing. Elmar Wippler

Inhalt

Vorwort

Die Unternehmensberatung Kairies hat in mehreren umfangreichen Aktionen den Stand der Konkurrenzanalyse in deutschen Unternehmen untersucht. Die Ergebnisse sind alarmierend: Informationen über die Konkurrenz sind häufig in vielen Köpfen verteilt aber nicht abrufbar, Unterlagen sind nicht aktuell, Hilfsmittel wie Konkurrenz- und moderne Online-Datenbanken werden zu wenig genutzt. Es mangelt an einer praxisgerechten Systematik und an Professionalität. Unzureichende Wettbewerbsinformationen führen bei Produktentwicklungen zu kostspieligen Nachentwicklungen, durch Fehlentscheidungen im Marketing und Vertrieb zu Kundenverlust.

Wer sich auf dem Markt behaupten will, braucht brandaktuelle Informationen über seine Konkurrenten. Zur langfristigen Sicherung des Markterfolges ist die permanente Überwachung der Konkurrenz unerlässlich. Die richtigen Informationen zur richtigen Zeit können Konkurrenten beim Kunden aus dem Rennen werfen und die eigene Position stärken. Leider befinden sich bedeutende Wettbewerbsinformationen oftmals verstreut in verschiedenen Abteilungen. Konkurrenzinformationen dürfen nicht im Tagesgeschäft verloren gehen. Sie müssen in aufbereiteter Form zur Verfügung gestellt werden, damit diese in Geschäftsleitung, Vertrieb, Marketing, Produkt Management, Entwicklung und Produktion sinnvoll genutzt werden können. Die Unter-nehmensberatung Kairies hat in Zusammenarbeit mit führenden Unternehmen der Industrie ein Konkurrenz-Informations-System (Competitive Intelligence System) entwickelt, das von der effizienten Beschaffung über die Archivierung und Auswertung bis hin zum Reporting und zur Nutzung der Daten reicht. Das Konzept des „Competitive Intelligence System" steht Ihnen als gebündeltes Know-how zur Verfügung. Das Buch zeigt Ihnen, wie Sie Ihren Wettbewerbern den entscheidenden Schritt voraus sein können und Bedrohungen sowie Chancen rechtzeitig erkennen.

Die Zukunft hat viele Namen. Für die Ängstlichen ist sie das Unbekannte. Für die Schwachen das Unerreichbare. Für die Mutigen ist die Zukunft Herausforderung und Chance. Mut bedeutet, sich mit dem Wettbewerb zu messen und immer danach zu streben, der Beste zu sein.

Besonderer Dank gilt dem Engagement meiner Assistentin Cornelia Saam, die mich bei der Erarbeitung der zahlreichen Beispiele und Erstellung der Bilder unterstützt hat.

1. Warum permanente Konkurrenzbeobachtung immer lebenswichtiger wird

1.1 Der Verdrängungswettbewerb und seine Konsequenzen

Während der wachstumsintensiven 60er und der ersten Hälfte der 70er Jahre konnten es sich viele Unternehmen noch leisten, ihre Konkurrenten zu ignorieren. Die meisten Märkte expandierten, Verteilungskämpfe waren selten.

Ende der siebziger Jahre brachte ein deutscher Kamerahersteller eine halbautomatische Kamera auf den Markt. Man erwartete mit dieser Kamera den Durchbruch in Europa.

Völlig überraschend für den deutschen Hersteller präsentierte ein japanischer Konkurrent nur wenige Wochen später eine vollautomatische Kamera. Diese bot dem Kunden nicht nur mehr Funktionalität, sondern wurde darüber hinaus zu einem deutlich niedrigeren Preis angeboten. Aus dem deutschen „Star" wurde eine „Sternschnuppe" die spontan verglühte. Aus dem erhofften Durch-bruch ein Zusammenbruch. Der deutsche Anbieter musste abgeschlagen mit erheblichen Verlusten sein Erzeugnis vom Handel zurückziehen. Der japanische Konkurrent triumphierte und konnte sich mit seiner Innovation innerhalb kürzester Zeit zum internationalen Marktführer entwickeln.

In den 90er Jahren gerieten immer mehr Unternehmen in Schwierigkeiten. Der Absatz stagnierte. Die Gewinnsituation verschlechterte sich dramatisch. Entlassungen und Rekordzahlen bei Insolvenzen waren die Folge. Betroffen vom Konkurs waren nicht nur neugegründete Firmen, sondern ebenso alteingesessene Unternehmen mit jahrzehntelanger Tradition. Dieser Trend setzt sich seit Beginn des neuen Jahrtausends fort.

Das Scheitern am Markt hatte unterschiedliche Gründe: Zu hohe Produktionskosten, mangelnde Flexibilität, unzureichende Kundenorientierung, falsches Einschätzen der Konkurrenz, fehlende Strategien, Fehlentscheidungen im Management, veraltete und zu teure Produkte. Alle Verlierer hatten jedoch eines gemeinsam:

Sie waren nicht in der Lage sich am Markt gegen Ihre Konkurrenz durchzusetzen.

Dieses Beispiel verdeutlicht, welche Gefahren sich aus einer unzureichenden Einschätzung der Konkurrenz ergeben können und wie lebenswichtig eine aufmerksame Beobachtung des Wettbewerbs ist. Aber längst nicht jedes Unternehmen investiert genug in die Überwachung seiner Konkurrenz. Noch schlimmer: Manche meinen, sie würden ohnehin alles wissen, weil sie täglich im Wettbewerb stehen. Andere meinen, Konkurrenzbeobachtung koste zuviel, den Aufwand könne man sich nicht erlauben.

Stellen Sie sich nicht die Frage, ob Sie sich eine systematische Konkurrenzüberwachung leisten können. Stellen Sie sich besser die Frage, wie lange Sie es sich leisten können, darauf zu verzichten.

1.2 Erfolgskriterien für die Märkte der Zukunft

Eines ist sicher: Der Verdrängungswettbewerb wird sich weiter verschärfen. Die Auswirkungen der Globalisierung und neuer Kommunikationstechniken werden die Firmenlandschaft nachhaltig erneuern. Die Kunden werden kritischer und preisempfindlicher, fordern zunehmend individuelle, exakt auf ihre Applikation angepasste Lösungen. Ein Vergleich von Preisen wird mit Hilfe des Internets immer einfacher. Insbesondere bei standardisierten und damit vergleichbaren Produkten. Produkte müssen deshalb in kundengerechter Qualität schnell verfügbar sein. Die Komplexität des Fachwissens sowie die Menge der zu verarbeitenden Informationen wird weiter steigen. Produkt- und marktrelevante Entscheidungen werden ohne den „Markt-Insider" risikoreicher. Der Wettbewerb kommt nicht nur aus dem Inland, sondern auch aus Kontinenten mit deutlich günstigeren Lohnstrukturen und vielleicht besseren Standortbedingungen. Die Märkte werden sich mit einem atemberaubenden Tempo verändern, mit dem einige Unternehmen nicht mehr mithalten werden. Harter Verdrängungswettbewerb beherrscht den Kampf um den Kunden und seine Aufträge. Selbst Wachstumsmärkte werden auf Grund von Überkapazitäten der Anbieter sich schnell zu Verdrängungsmärkten wandeln.

Wer kämpft kann verlieren. Aber wer nicht kämpft, der hat schon verloren.

Die Fähigkeit zur permanenten Innovation, z.B. bei Produkten, Dienstleistungen und der Marktbearbeitung ist die Schlüsselfähigkeit, um überleben zu können. Gewinnbringende Innovationen setzen exakte Kenntnisse der Marktbedürfnisse voraus. So werden die gewaltigsten Investitionen in neue Produktionsanlagen nicht zum Tragen kommen, wenn neue Produkte nicht von Anfang an, d. h. schon in der Definitionsphase auf wettbewerbsfähige Preise getrimmt sind. Produkt-Misserfolge sind häufig auf mangelhafte Informationen über die Konkurrenz zurückzuführen. Entscheidungen im Management erfordern qualifizierte Wettbewerbs-Informationen.

Wer überleben will, muss in der Lage sein, den Konkurrenzkampf für sich zu entscheiden. Es genügt nicht, gut zu sein, man muss besser sein als die Konkurrenz. Dazu gehört der Mut, sich mit dem Wettbewerb zu messen und qualifizierte Informationen, um die richtigen Entscheidungen zu treffen. Die Gewinnung von Wettbewerbsinformationen darf nicht dem Zufall überlassen werden. Erfahrungen beweisen: Erfolgreiche Unternehmen kennen ihre Kunden und ihre Konkurrenz besonders gut und gewinnen systematisch wertvolle Informationen über Kunden und Konkurrenz. Schrumpfende Produktlebenszyklen und Gewinnzeiten erfordern neue Wege zur Überwachung der Konkurrenz.

Chinesisches Zitat

"Kennst Du den Gegner und kennst Du Dich,
so magst Du hundert Schlachten schlagen,
ohne dass Dir eine Gefahr besteht.

Kennst Du Dich, aber nicht den Gegner,
so sind Deine Aussichten auf Gewinn
oder Verlust gleich.

Kennst Du weder Dich noch ihn,
so wirst Du in jeder Schlacht geschlagenwerden."

Sun Tse - Chinesischer Philiosoph

Bild 1.1 Sun Tse. Zitat 500 v.Chr. Wer seine Konkurrenz und sich selbst nicht kennt, hat schlechte Aussichten.

Aber Achtung: Sie erhalten Konkurrenzdaten nicht zum Nulltarif. Konkurrenzüberwachung benötigt neben qualifizierten Mitarbeitern ein adäquates Budget. Sie können sicher sein: Die Aufwendungen spielen sich rasch durch mehr Markterfolg und bessere Verkaufsergebnisse wieder ein.

Jedoch nur ein **effizientes Konkurrenzüberwachungssystem** macht Sinn: Es ist einerseits gefährlich über zu wenig und zu späte Informationen zu verfügen. Andererseits macht eine Überflutung an unstrukturierten Details blind für das Wesentliche und bremst notwendige strategische Entscheidungen.

Ein professionelles Konkurrenzüberwachungssystem muss den Beschaffungsaufwand - der Größe des Unternehmens angemessenen - in Grenzen halten. Es muss sicherstellen, dass sowohl strategisch als auch taktisch relevante Informationen gewonnen werden. Diese Daten müssen zur Nutzung strukturiert aufbereitet und von den betroffenen Abteilungen verwendet werden.

Dazu gehören auch Ergebnisse von Patentrecherchen. Verletzungen von Patentrechten können Schadensforderungen der Konkurrenz in Millionen- oder Milliardenhöhe nach sich ziehen. Insbesondere mittelständische Unternehmen starten häufig zu spät ihre Recherche. Aber auch Großunternehmen verlieren viel Geld im Patentstreit.

Fall 1: Nintendo, August 1994
Ein New Yorker Gericht verurteilte den Gameboy-Hersteller Nintendo wegen widerrechtlicher Nutzung eines Patents der Alpex Corporation zu Schadenersatz von ca. 350 Mio DM.

Fall 2: Honeywell, August 1993
Die höchste Schadenersatzsumme aller Zeiten verhängte eine kalifornische Jury gegen den Computerhersteller Honeywell - ebenfalls wegen Patentverletzungen: ca. 1,8 Mrd. DM.

Fall 3: Kodak , Oktober 1990
Lange Zeit Rekordhalter. Der amerikanische Foto-Riese Kodak musste wegen ungerechtfertigt genutzter Patente an Polaroid, den Hersteller von Kameras, zahlen: Forderung 18 Mrd. DM, verurteilt tatsächlich zu 1,4 Mrd. DM

Ohne qualifizierte Informationen über die Konkurrenz können marktrelevante Entscheidungen teuer zu stehen kommen.

2. Stand der Konkurrenzforschung in deutschen Unternehmen

2.1 Wettrudern der Kulturen

Eine kleine Anekdote :
„Vor langer Zeit verabredete eine deutsche Firma mit den Japanern, dass jedes Jahr ein **Wettrudern** mit einem Achter auf dem River Dee ausgetragen werden sollte. Beide Mannschaften trainierten lange und hart, um ihre höchste Leistungsfähigkeit zu erreichen. Als der große Tag des Wettkampfes endlich da war, waren beide Mannschaften topfit. Die Japaner gewannen mit einer Meile Vorsprung.

Nach dieser Niederlage war das deutsche Team sehr niedergeschlagen und die Moral war auf dem Tiefpunkt. Das obere Management entschied, dass der Grund für diese vernichtende Niederlage herausgefunden werden muss. Ein Projektteam wurde eingesetzt, um eine Konkurrenzanalyse durchzuführen und geeignete Maßnahmen zu empfehlen.

Die Konkurrenz-Analyse ergab: Das Problem war, dass bei den Japanern 8 Leute ruderten und 1 Mann steuerte. Im deutschen Team ruderte 1 Mann und 8 Leute steuerten.

Das obere Management engagierte eine Beratungsfirma, um eine Studie über die Struktur erstellen zu lassen. Nach Kosten in Millionenhöhe kamen die Berater zu dem Schluss : Es steuern zu viele Leute und es rudern zu wenige !

Um einer Niederlage durch die Japaner im nächsten Jahr vorzubeugen, wurde die Team-Struktur geändert. Es gab jetzt 4 Steuerleute, 3 Obersteuerleute und 1 Steuerdirektor. Ein Leistungsbewertungs-System wurde eingeführt, um dem Mann, der das Boot rudern sollte, mehr Ansporn zu geben, sich noch mehr anzustrengen und ein Leistungsträger zu werden.

„Wir müssen seinen Aufgabenbereich erweitern und ihm mehr Verantwortung geben“. Damit sollte es gelingen. Im nächsten Jahr gewannen die Japaner mit 2 Meilen Vorsprung. Die Deutschen entließen den Ruderer wegen schlechter

Leistungen, verkauften die Ruder, stoppten alle Investitionen in ein neues Gerät und die Entwicklung eines neuen Bootes.

Der Beratungsfirma wurde eine lobende Anerkennung für ihre Arbeit ausgesprochen. Das eingesparte Geld wurde an das obere Management ausgeschüttet."

(Nach Nikolaus B. Enkelmann)

2.2 Ergebnisse der Markterhebung „Konkurrenzüberwachung in deutschen Unternehmen"

Welchen Stellenwert hat die Konkurrenzüberwachung in deutschen Unternehmen? Ist man mit der dabei verwendeten Systematik zufrieden? Wie professionell ist die Vorgehensweise? Werden moderne Hilfsmittel, wie On-line-Datenbanken und unternehmensinterne Konkurrenzdatenbanken genutzt? Und wie steht es mit der Verwertung von Konkurrenzinformationen ?

Die Unternehmensberatung Kairies, Sinsheim, hat in einer umfangreichen Befragung von Fach- und Führungskräften den Stand der Konkurrenzforschung in deutschen Unternehmen analysiert. Ziel der Marktuntersuchung war es, Aussagen über den Stellenwert der Konkurrenzforschung, die Organisation, verwendete Informationsquellen, die Methodik und Art der Archivierung sowie die Nutzung von Online-Datenbanken und unternehmensinternen Konkurrenzdatenbanken zu gewinnen. Hierzu wurden 312 Fach- und Führungskräfte aus den Bereichen Marketing, Produkt Management, Vertrieb, Entwicklung und Geschäftsleitung interviewt. Es wurden vorwiegend Unternehmen aus Branchen der Investitionsgüterindustrie sowie Zulieferer untersucht: Elektronik und Elektrotechnik, Maschinenbau, Chemie, Mess- und Regeltechnik sowie EDV/ Telekommunikation.

Die Ergebnisse der Untersuchung sind alarmierend: Bei einem Großteil der Befragten herrscht **enorme Unzufriedenheit über die Halbherzigkeit und geringe Professionalität, mit der Konkurrenzinformationen gewonnen und ausgewertet werden**. Noch alarmierender ist die **unzureichende Nutzung** von Konkurrenz-Daten in verschiedenen Unternehmensbereichen. Nur ca. 10 % der Befragten nutzen die Vorteile einer Konkurrenz-Datenbank. Die nachfolgenden Abschnitte zeigen einen Auszug aus den gewonnenen Erkenntnissen.

Struktur der Befragten :

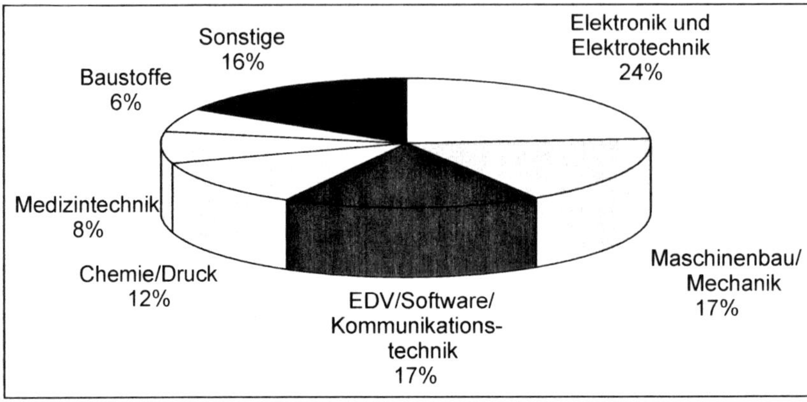

Bild 2.1 Analyse der befragten Unternehmen nach Branchen. Den Schwerpunkt bilden Unternehmen der Elektronik und Elektrotechnik, des Maschinenbaus und der EDV mit zusammen 58 % der befragten Unternehmen.

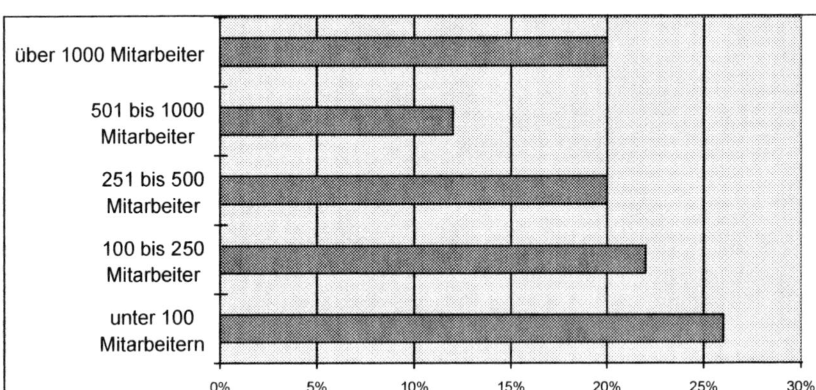

Bild 2.2 Analyse der befragten Unternehmen nach Firmengröße. Mittelständische Unternehmen mit bis zu 500 Mitarbeitern sind mit insgesamt 68 % der Befragten vertreten.

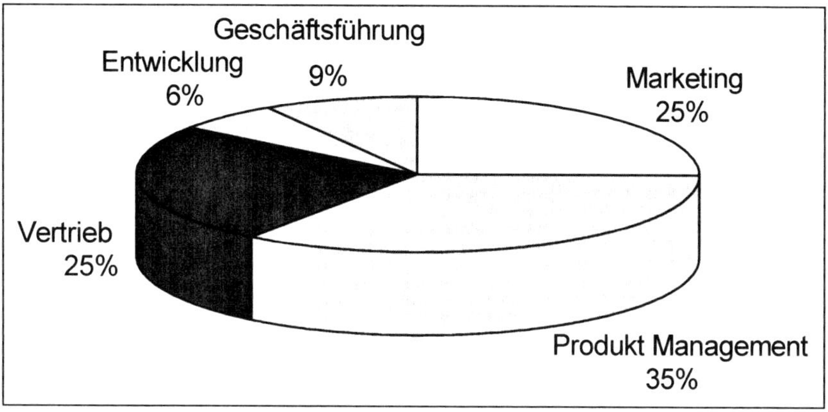

Bild 2.3 Befragte Personen nach Funktion im Unternehmen. Der größte Teil der Befragten stammt aus kundennahen Abteilungen mit direkter oder indirekter „Konkurrenzberührung"

Ergebnisse der Befragung:

1. Wer ist im Unternehmen für Konkurrenzforschung, -analyse und -beobachtung zuständig?

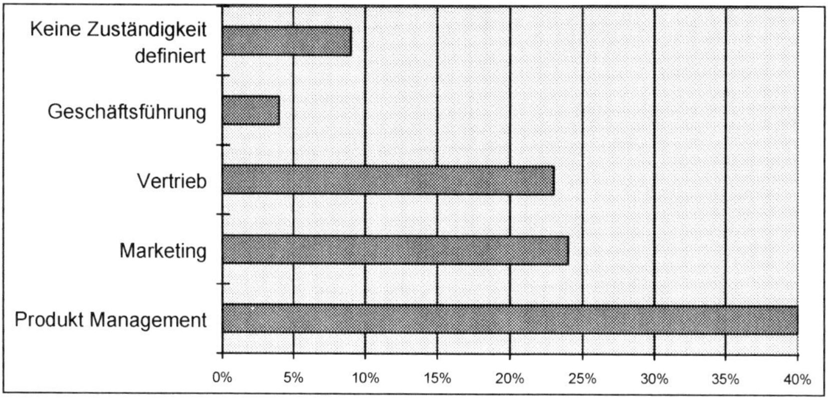

Bild 2.4 Zuständigkeit für die Konkurrenzforschung. Produkt Manager sind am häufigsten für die Konkurrenzforschung zuständig.

In 9 % der Unternehmen gibt es keine zuständige Stelle für die Konkurrenzanalyse. In einigen kleinen und mittelständischen Unternehmen ist es üblich, dass sich der Chef selber um das Thema Konkurrenz kümmert. Bei 23 % der befragten Firmen obliegt Wettbewerbsforschung dem Vertrieb. Marketingabteilungen (ohne Produkt Management) sind zu 24 % involviert. **In Unternehmen mit einem Produkt Management funktioniert zumindest für Produktdaten die Konkurrenzüberwachung am besten.**

2. Wieviele Mitarbeiter im Unternehmen befassen sich ausschließlich mit Konkurrenzuntersuchungen?

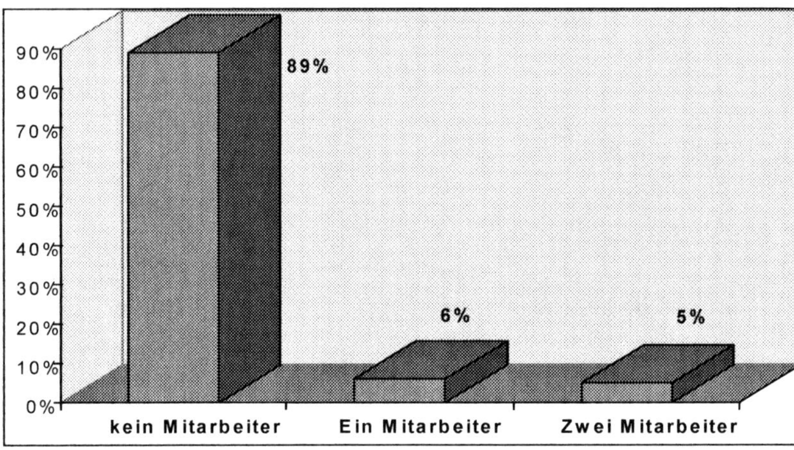

Bild 2.5 89 % der Unternehmen haben keinen Mitarbeiter bestimmt, der sich ausschließlich mit Konkurrenzbeobachtung beschäftigt. Selbst bei Unternehmen mit mehr als 1000 Mitarbeitern hat nur jede zweite Organisation einen Konkurrenz-Verantwortlichen.

3. Wieviele Fach- und Führungskräfte befassen sich nebenbei mit Konkurrenzuntersuchungen?

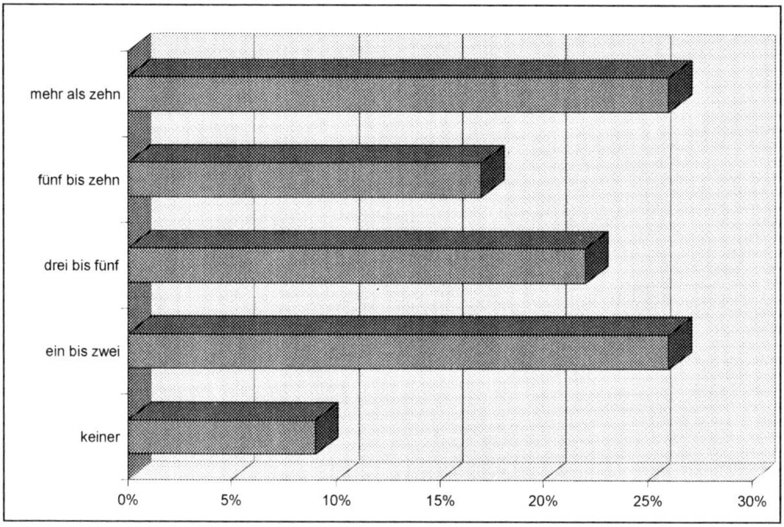

Bild 2.6 Anzahl der Führungskräfte, die sich in den befragten Unternehmen nebenher mit Konkurrenzuntersuchungen beschäftigen Die Konkurrenzanalyse ist für viele Führungskräfte ein „Nebenjob"

4. Welche Informationsquellen werden genutzt ?

Prospekte, Kataloge, Preislisten	100 %
Messen	100 %
Zeitschriften	95 %
Internet	92 %
Außendienst	88 %
Wettbewerbsprodukte	86 %
Patente des Wettbewerbs	62 %
Telefonische und persönliche Befragungen	62 %
Kundendienst	51 %
Marktforschungsinstitute/Unternehmensberatung	33 %
Online-Datenbanken	22 %

Bild 2.7 Spitzenreiter bei den Informationsquellen sind Prospekte, Kataloge, Preislisten und Messen. An letzter Stelle steht bisher die Nutzung von Online-Datenbanken

5. Fragen zur Methodik

Die befragten Unternehmen geben alle an, Wettbewerbsinformationen und Unterlagen zu sammeln. Jedoch nur 35 % werten diese Unterlagen systematisch und regelmäßig aus. Gerade mal jedes fünfte Unternehmen betreibt mit den gesammelten Daten Benchmarking.

6. Fragen zur Archivierung und Verwendung von Datenbanken.

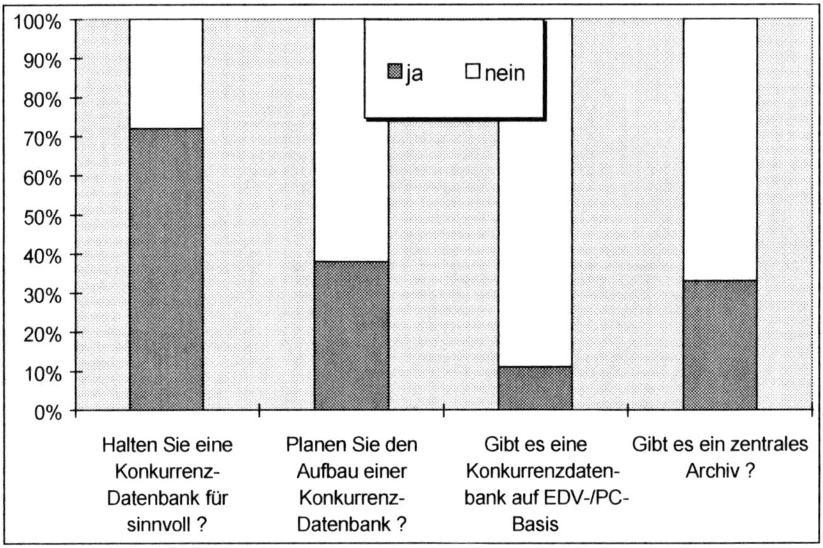

Bild 2.8 Die systematische Auswertung der Konkurrenzinformationen kommt meist zu kurz

Konkurrenzunterlagen werden vorwiegend in Schränken dezentral oder zentral gesammelt. Obwohl 70% den Aufbau einer Konkurrenzdatenbank in ihrem Unternehmen für sinnvoll halten, unterstützen bislang nur 10% die Archivierung durch EDV-Systeme.

7. Nutzung von Konkurrenzinformationen

Obwohl, wie in der vorangehenden Graphik ersichtlich, nur wenige Unternehmen die Konkurrenzinformationen systematisch auswerten, geben 86 % der befragten Firmen an, dass Konkurrenzinformationen für Ziele, Planungen und

Entscheidungen im eigenen Unternehmen genutzt werden. Allerdings halten nur 11 % die eigene Konkurrenzforschung für ausreichend professionell. 93 % sehen eine großes Potenzial für den Markterfolg, wenn Informationen der Konkurrenz besser genutzt werden. Leider fehlt es dann wieder an der Konsequenz der Umsetzung.

Eine Veröffentlichung der IHK zeigt, woher mittelständische Unternehmen Informationen allgemeiner Art für Innovationen erhalten:

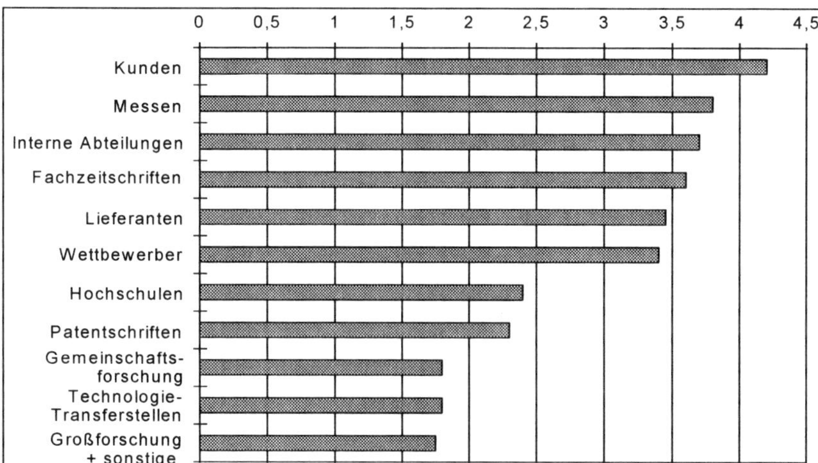

Bild 2.9 Auch diese Studie zeigt, dass viele Unternehmen an traditionellen Informationsquellen festhalten (IHK-Wirtschaftsmagazin)

Veronika Lange erläutert in ihrer Ausarbeitung zur technologischen Konkurrenzanalyse (siehe Anhang) u.a., welche Analyseobjekte von Großunternehmen regelmäßig untersucht werden :

1 = nie, 5 = regelmäßig

Analyseobjekte	Mittelwert	Standardabweichung
1. Neue Technologien	4,27	0,79
2. Gegenwärtig eingesetzte Technologien	4,18	0,87
3. Ziele hinsichtlich neuer Produkte	4,12	0,79
4. Verletzung eigener Schutzrechte	4,07	1,15
5. „Gefährliche" Patente	4,05	1,23
6. F&E-Ziele direkter Wettbewerber	3,71	1,05
7. Ziele hinsichtlich neuer Prozesse	3,66	1,07
8. Aufbau von technologischen Kooperationen	3,47	1,08
9. Patentstrategien	3,42	1,26
10.F&E-Ziele von Kunden	3,41	1,32
11.F&E-Ziele potenzieller Wettbewerber	3,27	1,06
12.Technolog. Akquisitionen/Fusionen	3,18	1,19
13.F&E-Potenzial von Konkurrenten	3,12	1,12
14.Externe Wissensverwertung	3,11	1,05
15.Externe Wissensbeschaffung	2,98	1,02
16.F&E-Ziele von Lieferanten	2,90	1,20
17.Anlage- und Geräteinvestitionen in F&E	2,81	1,02
18.F&E-Ziele von Substitutionsgüterwettb.	2,62	1,28
19.Personalbeschaffungsmaßnahmen für F&E	2,22	0,95

8. Resümee

Die Untersuchung zeigt den alarmierenden Zustand in deutschen Unternehmen: Informationen über die Konkurrenz sind häufig in vielen Köpfen verteilt, Unterlagen sind nicht aktuell, moderne Online-Datenbanken werden zu wenig genutzt. Prinzipiell werden Konkurrenzinformationen für die Definition von Zielen, zur Planung und Unterstützung von Entscheidungen berücksichtigt, aber unzureichend. Fast alle Befragten sehen in ihrem Unternehmen die Notwendigkeit, über deutlich qualifiziertere Wettbewerbsdaten als bisher verfügen zu müssen. Sie halten ihre bisherige Systematik für unzureichend. Es wird in Sachen Konkurrenzforschung zu wenig getan und die Professionalität reicht bei weitem nicht aus. Es wird von zahlreichen Fällen berichtet, bei denen Wettbewerbsinformationen zu spät berücksichtigt wurden, was hohe Kosten bei der Neuproduktentwicklung verursachte. Dies führte zu nachträglichen Änderungen

am Produkt und Terminverschiebungen, die größtenteils vermeidbar gewesen wären.
Systematische Konkurrenzanalyse ist in Deutschland eher eine taktische als eine strategische Maßnahmen. Das Thema wird auch zu wenig vom Top Management unterstützt. Weltweit betrachtet sind die USA deutschen Unternehmen um fünf bis zehn Jahre voraus. Französische und holländische Firmen schneiden ebenfalls besser ab als deutsche Unternehmen.

Vermeiden Sie Halbherzigkeit und die typischen Stolperfallen bei der Analyse Ihrer Konkurrenz:

- Wichtigkeit des Themas erkannt, aber die Konsequenz fehlt
- Unklare Ziele und Aufgaben
- Verantwortlichkeiten sind nicht eindeutig festgelegt
- Zu wenig Ressourcen werden bereitgestellt
- Unsystematische Vorgehensweise
- Unregelmäßigkeit
- Seltene Aktualisierung von Informationen
- Ungenügende Quellen
- Schlechte abteilungsübergreifende Zusammenarbeit
- Ungenügende Methoden zur Auswertung
- Überflutung mit Papier und Details
- Zu knappes Budget
- Unzureichend geschulte Mitarbeiter
- Keine EDV-gestützte Konkurrenzdatenbank vorhanden
- Nicht zeitgemäße Tools
- Halbherzigkeit bei der Umsetzung
- Unzureichende Unterstützung durch das Top-Management

Verschaffen Sie sich Wettbewerbsüberlegenheit, indem Sie Ihre Konkurrenz besser kennen, „als diese sich selbst“.

Im Abschnitt 13 finden Sie die "Checkliste Konkurrenzanalyse". Sie können jetzt oder nachdem Sie das Buch durchgelesen haben die Konkurrenzanalyse in Ihrem Unternehmen auf den Prüfstand stellen.

2.3 Der Weg zu einem gigantischen Wissen über den Wettbewerb

Um Erfolg zu erzielen gilt es, sein Augenmerk auf langfristige Ziele zu richten. Was kurzfristig im Wettbewerb unrealisierbar erscheint, lässt sich langfristig unter Umständen durchaus verwirklichen, sofern Sie über eine systematische Konkurrenzanalyse verfügen. Systematik und Kontinuität führen auf Dauer zu einem gigantischen Wissen über die Konkurrenz. Ausgestattet mit diesem Wissen treffen Sie die richtigen Entscheidungen und erreichen den Vorsprung, um an Ihrem Wettbewerber vorbeizuziehen.

Gerade mittelständische Unternehmen sollten sich stärker an der Konkurrenz orientieren. So können Sie Marktchancen schneller erkennen und Ihre eigene Erfolgsstrategie finden.

Das nachfolgende Interview mit dem Autor dieses Buches (Zeitschrift ProFirma 02/00) beantwortet einige häufig gestellte Fragen zum Aufbau einer systematischen Konkurrenzanalyse.

***ProFirma**: Eine Untersuchung Ihrer Beratungsfirma hat ergeben, dass gerade mittelständische Unternehmen ihre Konkurrenz nicht in dem Maße beobachten, wie es nötig wäre. Warum ist dies so?*
P. Kairies: Unternehmer in mittelständischen Betrieben kommen nicht aus dem Tagesgeschäft heraus. Das Bewusstsein für die Konkurrenzanalyse ist da, aber es fehlt an der Konsequenz der Umsetzung.

***ProFirma**: Lohnt es sich für mittelständische Unternehmen überhaupt, eine systematische Konkurrenzbeobachtung aufzubauen?*
Peter Kairies: Gerade mittelständische Unternehmen nutzen viel zu wenig die Chance, von ihrer Konkurrenz zu lernen. Für sie ist es wichtig, sich ein Vorbild in bestimmten Kategorien zu suchen - sei das nun im Produkt, in der Dienstleistung oder in der Präsentation - und dann einen Verbesserungsprozess zu betreiben. Das lässt sich natürlich nur dann umsetzen, wenn man eine bestimmte Systematik verwendet.

***ProFirma**: Wie schnell lässt sich so ein System zur Konkurrenzbeobachtung und -analyse installieren?*
Peter Kairies: Das hängt davon ab, bei welchem Niveau man anfängt. In manchen Firmen findet ja bereits eine recht gute Konkurrenzbeobachtung statt.

Meist werden in Ordnern Produkt- und Preisinformationen über den Wettbewerb gesammelt und das Internet zur Informationsbeschaffung angezapft. Wenn man das ganze in ein System bringen will, dauert es zwischen drei und neun Monaten.

***ProFirma**: Wann dauert es drei Monate, wann neun?*
Peter Kairies: Drei Monate zum Beispiel dann, wenn die Geschäftsführung vom Nutzen dieser Analyse überzeugt ist, wenn es zum Beispiel schon einen Verantwortlichen im Unternehmen für die Konkurrenzanalyse gibt und bereits Informationen vorhanden sind. Neun Monate kann es dauern, wenn Ein Unternehmen noch nicht einmal seine Konkurrenz identifiziert hat. Auch das ist heute keine Seltenheit...

***ProFirma**: Gibt es bestimmte Branchen, die ihre Wettbewerber besonders genau beobachten?*
Peter Kairies: Die Unternehmen der Branchen, in denen kürzere Produktlebenszyklen vorherrschen - zum Beispiel Elektronik, Informations- und Telekommunikationstechnik oder EDV und Software - sind darauf angewiesen, dass sie ständig ihre Wettbewerber beobachten. Hier kommt niemand ohne Konkurrenzanalyse aus. Sobald man eine neue Idee eines Wettbewerbers verpasst, kann dies schon verheerende Folgen haben.

***ProFirma**: Was kostet es, wenn man die Konkurrenzbeobachtung systematisiert?*
Peter Kairies: Ein Jahresbudget von 1.000 bis 4.000 Euro pro einer Million Umsatz reicht in vielen Fällen aus, um Personalaufwendungen, laufende Recherchen in Online-Datenbanken und die Softwaretools zu bezahlen. Wer ein System installieren will, muss allerdings zu Beginn eine Menge Informationen zusammentragen. Das kann man selbst erarbeiten oder man lässt das durch einen Berater begleiten. Dann liegt der finanzielle Aufwand, abhängig von der Größe der Firma, bei 5.000 bis 13.000 Euro.

***ProFirma**: Welche Daten sollte ein Unternehmen über seine Mitbewerber sammeln?*
Peter Kairies: Wichtig ist es nicht, eine Menge an Informationen zu sammeln, sondern nur die, die man in der Praxis auch verwenden kann. Interessant ist immer das, was sich beim Mitbewerber verändert.

***ProFirma**: Wie oft sollte die Datenbank aktualisiert werden?*
Peter Kairies: Sobald man eine wichtige Information über die Konkurrenz hat, sollte diese archiviert werden. Ein Mittelständler sollte beispielsweise im Abstand von ein bis drei Monaten abchecken, in welchen Arbeitsbereichen

selbst Schwächen existieren und ob über eine in diesem Bereich besseren Wettbewerber Informationen vorhanden sind. Auf jeden Fall sollten immer nur zu bestimmten Themen Informationen gesammelt werden. So wächst die Datenbank sinnvoll und die Entwicklung der Konkurrenten in bestimmten Bereichen zeichnet sich gut ab.

***ProFirma**: Haben Sie in der Praxis einmal erlebt, dass aus Feinden Freunde werden?*

Peter Kairies: Eine Bereitschaft, mit dem Konkurrenten zu kooperieren, finde ich häufiger als ich dachte. Ich empfehle generell, Fachfreundschaften zu den Konkurrenten aufzubauen. Persönliche Kontakte sind eine der interessantesten Informationsquellen, die man nutzen kann. Vielleicht streben Sie auch Kooperationen an. „Gemeinsamkeit macht stark“

***ProFirma**: Was kann der Chef tun, um seine Mitarbeiter bei der Konkurrenzanalyse zu unterstützen?*

Peter Kairies: Der Chef sollte erst einmal das Bewusstsein dafür schärfen, dass Informationen über die Konkurrenz wichtig sind und dass sie im Unternehmen fließen müssen. Dazu muss er beispielsweise auch einfordern, dass seine Mitarbeiter nicht nur über die Messe gehen und tütenweise Informationen einsammeln, sondern gezielt den Messestand des Wettbewerbers beobachten oder dass sie Kontakte mit nach Hause bringen. Letztlich ist es aber am wichtigsten, dass er die organisatorischen Voraussetzungen für eine systematische Konkurrenzanalyse schafft.

Wie hoch ist der Stellenwert für die Konkurrenzanalyse und damit für gute Informationen über Ihre Wettbewerber in Ihrem Unternehmen?

3. Ziele und Aufgaben der Konkurrenzanalyse

Die Konkurrenzanalyse ist ein systematischer Prozess der Beschaffung, Archivierung, Auswertung und Weitergabe von Informationen mit dem Ziel rechtzeitig Bedrohungen oder Chancen durch Wettbewerbsaktivitäten zu erkennen, um dann mit adäquaten Maßnahmen reagieren zu können. Entscheidend ist dabei nicht die Menge an Daten, sondern die Relevanz und vor allem der Grad wie sie im Unternehmen genutzt werden. Wer eine Fülle von Daten sammelt, diese aber nicht nutzergerecht verdichtet den Betroffenen frühzeitig bereitstellt, wird aus viel Information nur wenig Wertschöpfung gewinnen.

Die aus der Überwachung von Konkurrenten gewonnenen Informationen dürfen nicht in Sackgassen verschwinden. Sie müssen dem Management aufbereitet zur Verfügung gestellt werden und in Geschäftsleitung, Vertrieb, Marketing, Entwicklung und Produktion sinnvoll genutzt werden.

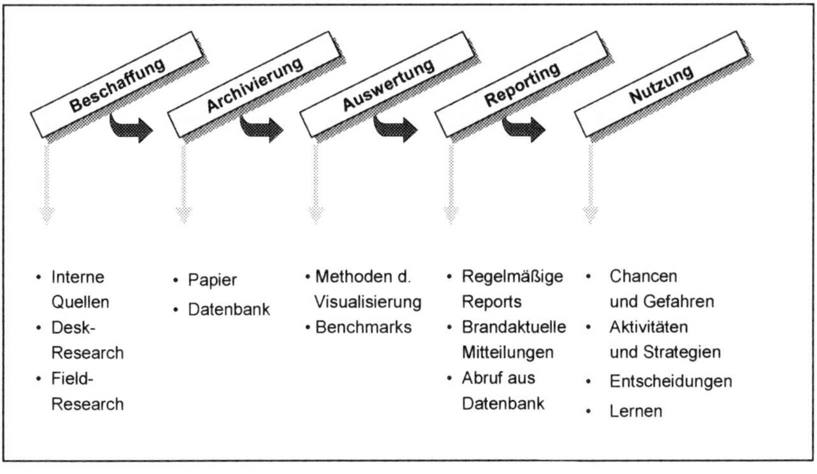

Bild 3.1 Übersicht über die Aufgaben der Konkurrenzanalyse

Aus den Erkenntnissen über den Wettbewerb lassen sich marktgerechte Ziele ableiten und Strategien entwickeln, die eigene Position am Markt zu verbessern.

Auch tagesgeschäftliche Aktivitäten, wie z. B. Bearbeiten von Kundenanfragen, Überzeugung der Kunden, Preis und Rabattstellung werden durch schnell verfügbare Konkurrenzinformationen unterstützt. Scheuen Sie sich nicht, auch von Wettbewerbern zu lernen oder das eine oder andere „abzukupfern". Verkürzen Sie Entwicklungszeiten und verwerten Sie Informationen aus dem Produktions- und Beschaffungsbereich, um effizienter zu werden. Senken Sie Durchlaufzeiten und reduzieren Sie Kosten, wo immer es geht. Die Wettbewerbsanalyse hilft Ihnen, die gegebenen Wettbewerbsverhältnisse zu durchleuchten und Auswirkungen auf das Unternehmen aufzuzeigen. Dabei sollten neben traditionellen auch neue und potenzielle Wettbewerber beachtet werden. Aber überlegen Sie sich genau, wie hoch der Aufwand sein darf. Beschränken Sie sich eventuell auf die Konkurrenten, die das Potenzial haben, wirklich zu einer Bedrohung zu werden. Grenzen Sie auch die Länder ein, die zu berücksichtigen sind. Überwachen Sie Ihre Konkurrenz mit ihren internationalen Aktivitäten.

Zur langfristigen Sicherung des Markterfolges ist die permanente Überwachung der Konkurrenz unerlässlich.

Die Konkurrenzanalyse ist ein Navigationsmittel. So können Sie rechtzeitig Bedrohungen erkennen und mit adäquaten Maßnahmen reagieren. Wettbewerbsdaten helfen Ihnen, die richtigen Entscheidungen zu treffen und Zeit und Kosten zu sparen.

Vermeiden Sie sowohl Informationsmangel als auch die Überflutung mit unwichtigen Details.

Verbreiten Sie in Ihrem Unternehmen relevante Konkurrenzdaten mit Nutzungswert !

Unterscheiden Sie bei den Konkurrenzinformationen zwischen generellen „statistischen" Daten, und brandaktuellen Informationen. Statistische Daten sind z.B. Standort und Umsatz der letzten Jahre. Diese Informationen müssen zur **Verfügung stehen und abrufbar sein**, müssen aber nicht regelmäßig verteilt werden. Anders bei brandaktuellen Informationen, wie z. B. Kauf des Wettbewerbsunternehmens, Vorstellen eines neuen Produkts, Bau einer neuen Produktionsstätte, usw. Diese aktuellen Informationen müssen **sofort durch Reports verteilt** werden.

Halten Sie die Informationsflut in Grenzen. Arbeiten Sie effizient:

Statistische Daten sollen abrufbar sein. **Brandaktuelle Daten** mit Handlungsbedarf müssen sofort reportet werden.

Um bei Wettbewerbern Aktivitäten und Absichten, Ziele, Strategien, Trends, sowie Stärken und Schwächen bei Produkten und Dienstleistungen zu ergründen, müssen bestimmte Voraussetzungen in der eigenen Organisation erfüllt sein z.B. sollten Kontinuität bei Beschaffung und Reporting sowie die Kommunikation der Konkurrenzstelle mit den betroffenen Abteilungen gewährleistet sein.

Dazu werden:

- Relevante Wettbewerber erfasst (Wer ist Wettbewerber?) und klassifiziert
- Permanent aktuelle Informationen gesammelt
- Geordnet und archiviert
- Systematisch ausgewertet und verdichtet
- Anschaulich und verständlich dargestellt
- Konsequenzen und Maßnahmen abgeleitet und vorgeschlagen
- Je nach Relevanz und Aktualität die Ergebnisse an betreffende Stellen weitergegeben oder zum Abruf bereitgestellt

Die Wettbewerbsüberwachung ist ein Frühwarnsystem. Werden Wettbewerber und Aktivitäten permanent und systematisch überwacht, dienen die Ergebnisse als Frühwarnsystem für Bedrohungen der eigenen Marktposition. Auf der Grundlage qualifizierter Wettbewerbsanalysen lassen sich eigene Marktanteile sicherer halten oder ausweiten.

Stellen Sie nach Aktualität und Relevanz Wettbewerbsdaten zum Abrufen bereit oder geben Sie diese unverzüglich an die betreffenden Stellen weiter.

Zur Durchführung von Wettbewerbsanalysen sollten

- **Verantwortliche** bestimmt werden.
- Datenbestände **gepflegt** und ständig **aktualisiert** werden.
- Moderne **Hilfsmittel** und ein angemessenes **Budget** bereitgestellt werden

Die permanente Wettbewerbsanalyse darf nicht als Selbstzweck dienen. „Man kann sich tot-analysieren". Hauptwertschöpfung ist nicht lediglich das Wissen um die Konkurrenz, sondern die daraus abgeleiteten und umgesetzten

Aktivitäten. Es muss sichergestellt sein, dass Maßnahmen aus der Wettbewerbsanalyse in das Unternehmen und den Wertschöpfungsprozess einfließen. Geben Sie dem Thema „Wichtiges vom Wettbewerb“ einen regelmäßigen Platz bei Strategiemeetings und Projektbesprechungen.

Sorgen Sie dafür, dass wichtige Konkurrenzdaten von den Betroffenen genutzt werden.

Der personelle Aufwand sowie die verwendeten Werkzeuge für die Konkurrenzüberwachung sollten der Größe und Marktsituation des Unternehmens angepasst sein. Machen Sie die hochrangige Bedeutung für die Sicherung des Markterfolges allen Beteiligten immer wieder bewusst. Erhöhen Sie den Stellenwert für das Thema „Konkurrenzanalyse“.

Die Konkurrenzverhältnisse verändern sich laufend und führen ständig zu neuen Herausforderungen! Beim Tennisspielen besteht die Kunst darin, die Augen auf den Ball und den Gegner zu richten. Starrt man jedoch auf den Platz und das Netz, ist das ein sicheres Rezept für den Misserfolg. Ähnlich verhält es mit der Konkurrenzanalyse: Die Kunst der Konkurrenzanalyse besteht darin, die Stärken und Schwächen der Wettbewerber möglichst rasch zu erkennen und maßstabsgetreu abzubilden und das im Umfeld dynamischer Märkte. Das ist keine einmalige Übung, sondern ein permanenter Dauerlauf.

4. Aufbau eines Konkurrenz-Überwachungs-Systemes

Für eine gut funktionierende Konkurrenzüberwachung reicht es nicht aus, Prospekte, Kataloge und Preislisten zu sammeln. Wenn Sie ein praxisgerechtes Überwachungssystem aufbauen oder das vorhandene verbessern wollen, sollten Sie die nachfolgenden 10 Schritte bearbeiten und die dazugehörigen Fragen beantworten. Im Kapitel 13 finden Sie zusätzlich eine komplette Checkliste, die Stärken und Schwächen Ihrer Konkurrenzanalyse aufdeckt.

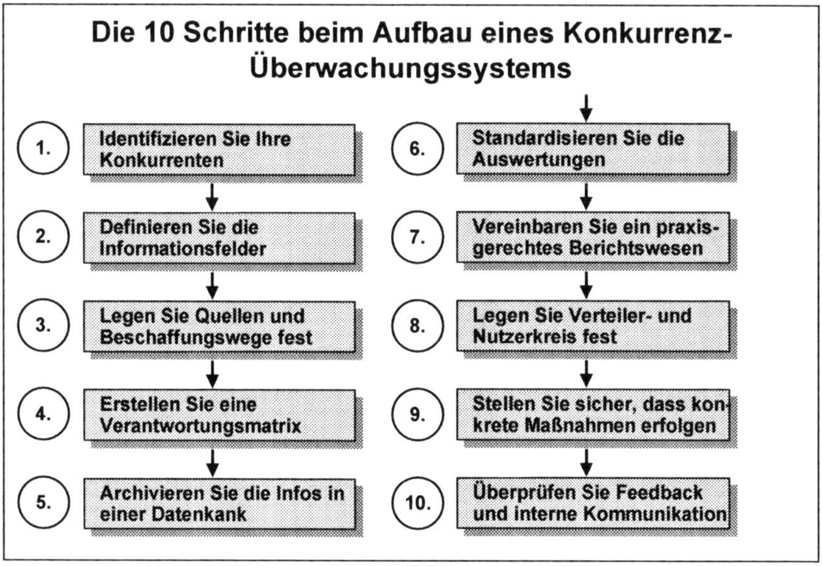

Bild 4.1 Gehen Sie beim Aufbau Ihrer Konkurrenz-Überwachung systematisch vor

1. Identifizieren Sie Ihre **Konkurrenten**
- Wer soll beobachtet werden?

Unterscheiden Sie hierbei zwischen:
- Konkurrenten mit gleicher oder ähnlicher Produktpalette
- Konkurrenten mit geringer Überlappung bei den Produkten aber mit identischer Zielgruppe und Diversifikationspotenzial
- Potenzielle Konkurrenten, die Ihre Produkte durch neue Technologien substituieren können
- Neue oder potenzielle Anbieter, die durch Nutzung von E-Commerce als alternativen Vertriebsweg als Konkurrent auftreten (New Intermediaries)

Achten Sie auf den Einfluss des Internet: Was kann sich auf Ihrem Markt verändern? Wo entstehen welche elektronischen Märkte? Wo wird der klassische Vertriebsweg teilweise oder vollständig substituiert? Entscheiden Sie sich für eine überschaubare Anzahl von Konkurrenten, die für Sie ein Gefährdungspotenzial haben oder von denen Sie lernen können.

2. Definieren Sie die **Informationsfelder**
- Was soll beobachtet werden? z.B. Produkte, Dienstleistungen.
- Welche Informationen benötigen wir?

Dazu finden Sie im Abschnitt 6 eine Übersicht über typische Informationsfelder

3. Legen Sie die wichtigsten **Quellen und Beschaffungswege** fest
- Wie und wo sollen die Informationen gewonnen werden?

Der Abschnitt 5 hilft Ihnen die für Ihre Konkurrenzinformationen am besten geeigneten Quellen herauszufinden.

4. Erstellen Sie eine **Verantwortungsmatrix** „Konkurrenzanalyse"
- Wer ist wofür zuständig ?
  - -Beschaffung
  - -Erfassung, Archivierung
  - -Auswertung
  - -Umsetzung von Maßnahmen
- Erstellen Sie eine Verantwortungsmatrix, wer wofür zuständig ist.
- Wer hat die Gesamtverantwortung?

- Wer ist der „Marktpromoter“ für die Umsetzung?
- Legen Sie den verantwortlichen Projektleiter „Konkurrenzanalyse“ fest.

5. Archivieren Sie die Infos in einer **Konkurrenzdatenbank**
- Welche Informationen sollen in der Datenbank erfasst werden?
- Wo und in welcher Form sollen die Konkurrenzinfos abgerufen werden?
- Nach welchen Suchkriterien sollen die Daten strukturiert sein?

Entscheiden Sie sich für die geeignete Hard- und Software. Dazu finden Sie weitere Hinweise im Abschnitt 10.

6. Standardisieren Sie die **Auswertungen**
- Welche Methoden sollen genutzt werden?
- Welche Auswertungen und Ergebnisse werden erwartet?

Der Abschnitt 7 zeigt Ihnen Beispiele mit welchen Techniken Sie Daten visuell verdichten, visualisieren und präsentieren können.

7. Einigen Sie sich auf ein praxisgerechtes **Berichtswesen**
- Welchen Informationsbedarf haben einzelne Stellen im Unternehmen?
- Was soll berichtet werden ?
- In welcher Form soll berichtet werden?
- Wie häufig sollen Basisinformationen verteilt werden?
- Wie werden außerordentliche Konkurrenzinfos verteilt?

Unterscheiden Sie
-**Datenbank**: Statistische Daten sollen aus einer Datenbank abrufbar sein
-**Reporting**: Brandaktuelle Daten mit Handlungsbedarf müssen sofort verteilt werden.

8. Nutzerkreis: Legen Sie den **Verteiler und Nutzerkreis** fest
- An wen soll berichtet werden?
- Wer soll die Daten nutzen können?
- Auf welche Daten hat wer Zugriff?

9. **Nutzung**: Stellen Sie sicher, dass Konkurrenzinformationen zu Konsequenzen und konkreten **Maßnahmen** führen.

10. Stellen Sie die interne **Kommunikation** über erfolgte Maßnahmen und **Feed back** sicher

- In welchen Meetings sollen Konkurrenzinfos besprochen werden?
- Wie wird regelmäßiger Erfahrungsaustausch sichergestellt?
- Wie wird das Feedback garantiert ?

Das Konkurrenz-Überwachungssystem macht marktrelevante Entscheidungen schneller und sicherer. So vermeiden Sie Kosten, verursacht z.B. durch falsche oder verschleppte Entscheidungen, Nachentwicklungen und unangemessene Reaktionen.

Mit einem gut funktionierenden Konkurrenz-Überwachungs-System sind Sie Ihrem Wettbewerb immer eine Nasenlänge voraus.

5. Wie Sie relevante Wettbewerbsinformationen gewinnen

5.1 Quellen und Möglichkeiten der Beschaffung

Welche Quellen können Sie nutzen, um Informationen über Ihre Konkurrenz zu beschaffen? Welche Möglichkeiten sind die geeignetsten? Jedes Unternehmen sendet Signale aus, dies können z. B. Stellenanzeigen sein, Förderanträge, der erste Messestand bei einer Exportmesse, Werbeanzeigen über neue Produkte, Image-Anzeigen im Ausland, Anmeldung eines neuen Patents. Sie können relevante Wettbewerbsinformationen gewinnen, wenn Sie Ihre „Antennen" auf Signale des Wettbewerbs ausrichten.

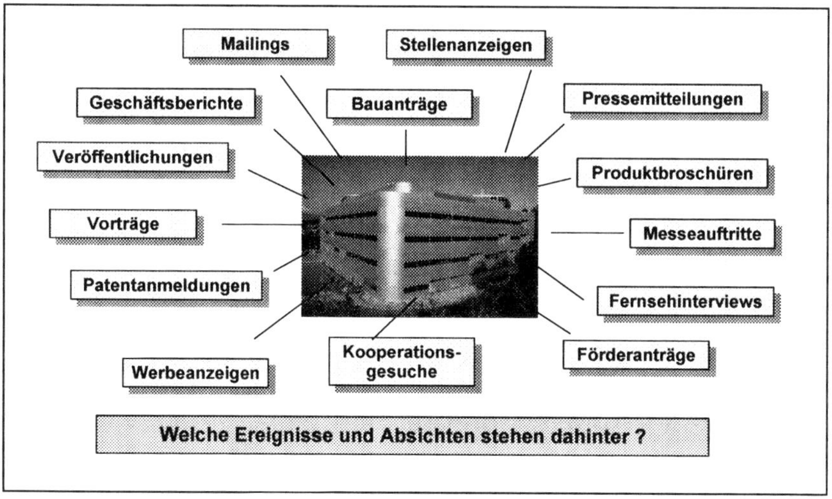

Bild 5.1 Jedes Unternehmen sendet Signale: Die Signale Ihrer Wettbewerber enthalten interessante Informationen

Diese Signale kommen nicht immer nach dem Ereignis, sondern manchmal auch vorher. So deuten etwa Patentanmeldungen auf neue Aktivitäten in F&E hin, noch bevor ein neues Produkt für den Markt verfügbar ist. Signale können auch nachträglich abgeschlossene Veränderungen erläutern, z.B. den Kauf einer anderen Firma. In seltenen Fällen können auch Warnungen oder Drohungen verschickt werden, z. B. Abmahnungen, einstweilige Verfügungen. Manchmal sollen Signale auch bewusst Konkurrenten irreführen.

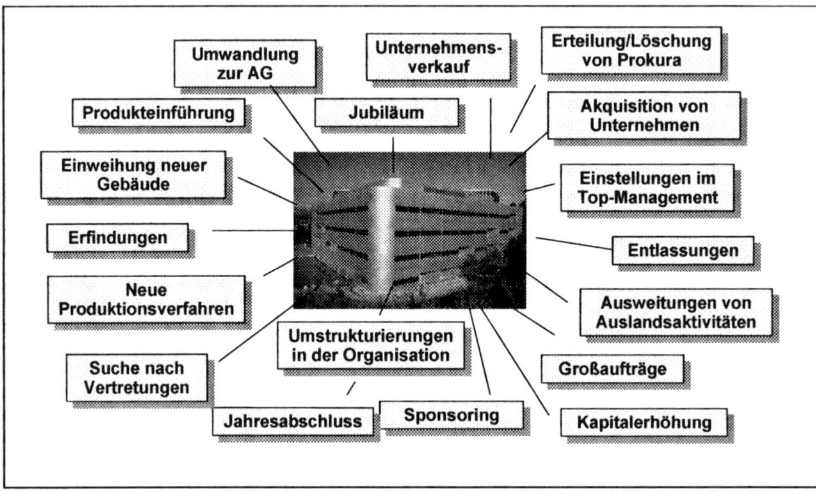

Bild 5.2 Auslöser: Zu den wichtigsten Ereignissen im Unternehmensgeschehen werden meist Signale ausgesendet

Auslöser von Signalen Ihrer Konkurrenten können sein, z.B. Unternehmensverkäufe, Entlassungen, Vorstellung neuer Produkte, Jubiläen, personelle Veränderungen im Vorstand usw.. Aus Signalen können Sie Rückschlüsse auf die Auslöser oder andere Aktivitäten Ihrer Konkurrenten schließen. Fragen Sie sich immer wieder: „Was will der Konkurrent damit bezwecken?“ So erkennen Sie Absichten, Ziele und eventuell Strategien. Beispiel: Ein Konkurrent schaltet eine Stellenanzeige für einen Länderreferenten mit USA-Erfahrung. Erstmalig finden Sie den Wettbewerber im Ausstellerkatalog für eine Messe in New Orleans. Sie können davon ausgehen, dass er den USA-Markt verstärkt bearbeiten möchte.

Wir unterscheiden bei der Wetttbewerbsforschung zwischen dem Desk-Research und dem Field-Research. Mit **Desk-Research** nutzen Sie Methoden wie z. B.

„Papier-Quellen“ oder das Internet, die vom Schreibtisch aus zu handhaben sind. Gedruckte Informationen und das Internet sind die am häufigsten verwendeten Informationsquellen. Desk-Research ist für generelle wirtschaftliche und technische Informationen in vielen Fälle ausreichend und relativ einfach und kostengünstig durchführbar. Desk-Research kann eingesetzt werden z. B. um Firmenauskünfte, Preise, Produktinfos, technische Daten, Veröffentlichungen, Fachartikel und Pressemitteilungen in Fachzeitschriften und Wirtschaftszeitungen, Patentinformationen, Herstellerinformationen usw. auszuwerten. Die Grenzen dieser Methode sind aber schnell erreicht, wenn tiefergehende und nicht veröffentlichte Informationen gefragt sind. Schöne Hochglanzprospekte reichen dann nicht mehr aus und auch die Internetrecherche erreicht ihre Grenzen.

Wer Insider-Informationen über den Wettbewerb nutzen will, muss andere Wege gehen. Hier bietet sich das **Field-Research** an. Persönlicher Kundenkontakt, Telefonate mit Anwendern und Entscheidern, Besichtigun-gen vor Ort bringen mehr Tiefe bei der Beurteilung von dem, was der Wett-bewerb wirklich kann. Nur der direkte Kontakt mit Käufern, Entscheidern und Anwendern von Wettbewerbsprodukten und das Kennenlernen der Anwendungserfahrung vor Ort führt zu wirklich praxisgerechten Wettbewerbs-informationen.

Auch der Kundendienst sowie Vertriebsmitarbeiter sollten in den Informationsbeschaffungsprozess einbezogen werden. Das gezielte Befragen von Kunden an Hand gut vorbereiteter Briefings und schnell auszufüllender Frage-bögen hat erstaunliche Ergebnisse geliefert. Solche Aktivitäten, die über einen Zeitraum von 3 - 4 Monaten international durchgeführt wurden, brachten mit einer Rücklaufquote von einigen hundert Interviews zuverlässige Antworten zu Stärken- und Schwächen von Konkurrenzprodukten.

Neben den angesprochenen externen Quellen sind natürlich auch interne Quellen, wie Besuchsberichte, Vertriebsinformationen usw. hilfreich.

Achten Sie auf Signale Ihrer Wettbewerber.

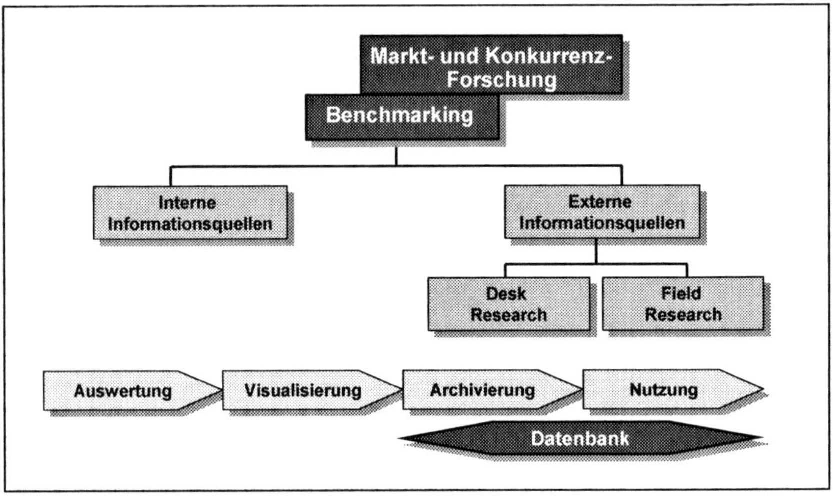

Bild 5.3 Methoden zur Beschaffung von Wettbewerbsinformationen. Eine Vielzahl von Informationsquellen macht eine systematische Auswertung und Archivierung unentbehrlich.

5.2 Desk-Research

5.2.1 Übersicht

Nachfolgend sind Informationsquellen aufgeführt, die Sie zur Beschaffung von Konkurrenzdaten nutzen können.

1. Druckschriften des Wettbewerbs

- Einladungen zu firmeninternen Veranstaltungen für Kunden
- Geschäftsberichte
- Hauszeitschriften für eigene Mitarbeiter
- Inbetriebnahme- und Bedienungsanleitungen
- Kataloge
- Kundenzeitschriften
- Mailings an Kunden
- Preislisten
- Prospekte
- Schulungs- und Seminarunterlagen
- Serviceanleitungen
- Sonderdrucke von Fachartikeln
- Technische Datenblätter

2. Angebotseinholung vom Wettbewerb

Sollten Sie Angebote nicht direkt einholen können, nutzen Sie Deckadressen, z. B. Kunden, Handelsvertreter o.ä. eingeholt werden. Angebote geben nicht nur Preisinformationen. Analysieren Sie auch nachfolgende Benchmarks und vergleichen Sie diese mit der Qualität der eigenen Angebote:

- Laufzeit von der Anfrage bis zum Angebot
- Graphische Aufmachung
- Übersichtlichkeit
- Verständlichkeit
- Rabatt
- Wird bei Nachverhandlungen ein weiterer Preisnachlass gewährt?
- Zahlungskonditionen
- Lieferzeit
- Sonstige Bedingungen

Beispiel :

Nachfolgend ein Angebotsvergleich verschiedener Hersteller, die Umlaufregale für den Büro- und Lagerbereich anbieten:

Angebotsvergleich **Pos 1: Aufnahme von Standard-Hängeordnern** Stellbreite, -tiefe und -höhe: Max. 3,40 x 1 x 2,50m.					
	Alpha GmbH	**Beta AG**	**Gamma & Co**	**Delta GmbH**	**Epsilon oHG**
Name	**U-Regal**	**Re-U-gal**	**Reg-Uml.**	**Umlauf**	**Lager-U**
Typ	45 SKR14	4728	1017-C	33-22"	Off-SQ
Außenmaße H x B x T	247 x 344,5 x 115	242 x 327 x 114	240 x 326,9 x 117,5	247 x 336 x 115	255 x 339,4 x 109,5
Kapazität in Laufmeter	38,4	42,64	41,3	39,4	k. A.
Leergewicht	1 630,-	1 340 kg	1620 kg	1 750 kg	1482 kg
Steuerung	ja	ja	ja	ja	ja
Preis in € incl. Fracht und Montage	**17.000,-**	**19.000,-**	**18.000,-**	**16.219,-**	**20.000,-**
Nachtrags-angebot nach Verhand-lung	**Kein Nachlass**	**Nachlass: ca. 12%**	**Nachlass: ca. 15%**	**Kein Nachlass**	**Kein Nachlass**

Angebotsvergleich **Pos 2: Aufnahme von Standard-Hängeordnern** Stellbreite, -tiefe und -höhe: Max. **2,60** x 1 x 2,50m.					
	Alpha GmbH	**Beta AG**	**Gamma & Co**	**Delta GmbH**	**Epsilon oHG**
Name	**U-Regal**	**Re-U-gal**	**Reg-Uml.**	**Umlauf**	**Lager-U**
Typ	47 SKL13	4812	1120-M	34-12“	Off-MM
Typen	25/100/285/13/HRT	600/115/250/280	120 -1212	2000-6-2470	Office 200
Außenmaße	246 x 264 x 110	242 x 250 x 115,5	240 x 256 x 117,5	247 x 265 x 115	255 x 267 x 109,5
Kapazität in Laufmeter	31,2	31,2	31	29,5	28,8
Leergewicht	1 200 kg	1 440 kg	1350 kg	1 568 kg	1240 kg
Steuerung	ja	ja	ja	ja	ja
Preis in € incl. Fracht und Montage	**12.200,-**	**13.050,-**	**14.400,-**	**1.900,-**	**15.100,-**
Zahlungs-be-dingungen	8 Tage 2% 30 Tage netto	14 Tage 2% 30 Tage netto	30 Tage netto	14 Tage 2% 30 Tage netto	k. A.
Zeitbedarf Angebots-erstellung	1 Tag	3 Tage	7 Tage	5 Tage	3 Tage
Verständ-lichkeit des Angebots	++	0 .. +	0	+++	0
Lieferzeit	3 Wochen	3 - 4 Wochen	je nach Spez. bis 6 Wochen	20 Tage	3 Wochen

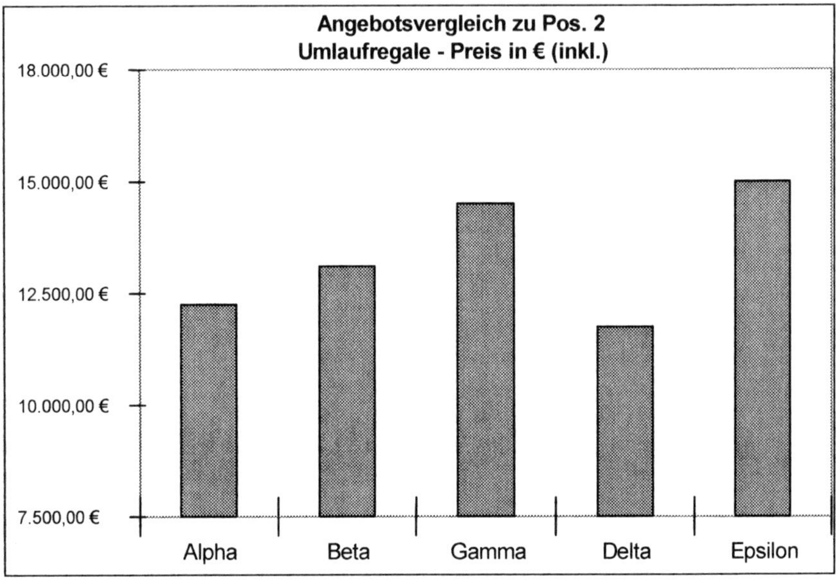

Bild 5.4. Preis-Gegenüberstellung vergleichbarer Wettbewerbsprodukte

3. Multimedia-Publikationen des Wettbewerbs

- Home-Page im INTERNET
- Rundfunkberichte
- Fernsehinterviews
- Katalog auf CD-ROM
- Tonkassetten
- Videos über die Firma, Produkte, Anwendungen oder besondere Ereignisse

4. Presseveröffentlichungen

- Fachartikel,
- Pressemitteilungen
- Stellenanzeigen
- Werbeanzeigen

5. Eintragungen in Einkaufsführern und Anbieterverzeichnissen

- Wer liefert was?
- ZVEI-Einkaufsführer
- VDMA-Einkaufsführer : "Wer baut Maschinen und Anlagen?"
- 1x1 der deutschen Wirtschaft
- Handbuch der Großindustrie
- BDI - Die Deutsche Industrie
- ABC der deutschen Wirtschaft
- Hoppenstedt
- Deutsche Messe AG

6. Fachzeitschriften und Zeitungen

- Fachzeitschriften
- Tageszeitungen
- Testergebnisse aus Zeitschriften
- Wirtschaftszeitungen, z. B. Handelsblatt

7. Verbände, Behörden, Organisationen

- Fachverbände
- Handelskammern und Vereine sowie deren Mitteilungen, z. B. ZVEI, BDI, VDMA
- Statistische Bundesamt
- IHKn
- Handelsregister
- Zulassungen
- Patentveröffentlichungen und Patente

8. Adressenverlage

- Schober Direkt Marketing,
- Rhein Main Adresse
- ABC der deutschen Wirtschaft
- pan adress direktmarketing
- Hoppenstedt

9. Marktforschungsinstitute

- GfK
- PROGNOS
- FROST & SULLIVAN
- Media Control
- IFM
- Zentrale Marktberichtsstelle
- Infas
- Infratest
- Bonner Institut für Marktforschung

10. Fachliteratur, Forschungsberichte, Diplomarbeiten, Dissertationen

11. Messehandbücher

- AUMA
- Messekataloge der Messegesellschaften

12. Externe Dienstleister zur Wettbewerbsanalyse

13. Universitäten, Hochschulen

14. Suchmaschinen im Internet

15. Online-Datenbanken

5.2.2 Messepfad

Einer der ergiebigsten Wege, um weltweit Anbieter für bestimmte Produkte oder Dienstleistungen aufzuspüren, ist der Messepfad. Wenn Sie nicht alle Wettbewerber weltweit kennen, ist der Messepfad für diese Aufgabe der am besten geeignete Weg.

1. Beschaffen Sie sich eine **Übersicht** über deutsche oder **weltweite Fachmessen**. Als Quelle bietet sich an, z. B. AUMA-Katalog, AUMA-CD, oder die direkte Datenbankrecherche bei der AUMA, Köln (auma.de)
2. Suchen Sie **geeignete Fachmessen**, auf denen Ihr Wettbewerber ausstellen

wird, aus den Messeverzeichnissen heraus. Dazu nutzen Sie das Produkt-Stichwortverzeichnis. Zu den Messen erhalten Sie jeweils einen "Messe-steckbrief", der u. a. die Quelle für die Messekatalog-Bestellung enthält.

3. Beschaffen Sie sich zu den ausgewählten Fachmessen die dazugehörigen **Messekataloge** bei den Messeveranstaltern, bzw. Katalog-Verlagen (auch ältere Jahrgänge sind erhältlich). Die Bestelladresse finden Sie in dem Messesteckbrief.

4. Suchen Sie die **Firmenadressen mit Selektionsmerkmalen** aus den Messekatalogen heraus und speichern Sie diese in Ihrer Datenbank mit den entsprechenden Segmentierungsmerkmalen ab. Vergleichen Sie auch das Vorjahr mit dem aktuellen Jahr. Aufgrund der Eintragungen erkennen Sie, ob Wettbewerber zusätzlich neue Produkte oder Dienstleistungen anbieten.

5. Fordern Sie direkt oder indirekt **Prospektinformationen** und **Muster** sowie **Angebote** an.

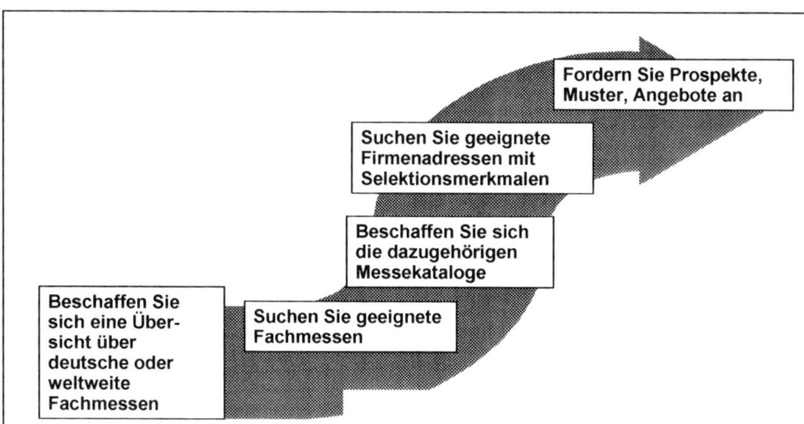

Bild 5.5 Ablauf für die Recherche „Messepfad"

5.3 Nutzung von Online-Datenbanken

5.3.1 Zugang zu Search-Engines im Internet

Den einfachsten Zugang zu Informationen bietet das Internet, bzw. das World Wide Web. Mittels sogenannter „Search-Engines“, das heißt Hilfsprogrammen, die das gesamte Netz durchsuchen, findet man häufig jede Menge Informationen, die von Ihren Wettbewerbern selbst über eine Homepage ins Netz eingespeist werden.

Einige der bekanntesten Suchprogramme sind

- altavista.com
- yahoo.com, yahoo.de
- web.de
- google.de
- hotbot.com

jeweils mit dem Adressenvorsatz „http://www.“. Die Suchmaschinen bieten einigen Komfort was die Suchoptionen betrifft. Man kann verschiedene Begriffe mit UND- und ODER-Funktionen verknüpfen oder das Alter der Fundstellen über Jahreszahlen einschränken. Je nach Unternehmen und Art der Problemstellung empfiehlt es sich, zwei oder drei verschiedene Search-Engines zu starten.

Suchen Sie beispielsweise mit „hotbot“ (dem Programm mit den wohl umfangreichsten Eintragungen weltweit) nach dem Stichwort „Wettbewerb“, so erhalten Sie knapp 16.000 Verzweigungen angezeigt, in denen dieser Begriff erwähnt wird. Geben Sie als zweites Kriterium „Wettbewerb + Analyse“ ein, sind es noch 1.500 Adressenhinweise und bei einer Einschränkung des Datums auf die letzten beiden Monate bleiben noch 190 Hinweise übrig. Darunter findet man etwa einige Homepages von Marktforschungsunternehmen, wissenschaftliche Dissertationen oder auch Hinweise zu diesem Buch.

5.3.2 Virtuelle Marktplätze

Eine weitere Möglichkeit, sich über Konkurrenten zu informieren bietet der Einstieg im Internet über virtuelle Marktplätze.

Derzeit dürften schätzungsweise 1000 dieser Märkte weltweit betrieben werden. Erwartet werden bis 2004 rund 10000 solcher Marktplätze, unter denen Produkte und Dienstleistungen gehandelt werden. Neben den Vorteilen durch Reduzierung von Prozesskosten auf Seiten von Anbietern und Käufern, bieten diese Portale vor allem durch ihre hohe Markttransparenz einen idealen Einstieg für die Konkurrenzanalyse. Suchen Sie sich geeignete Start-Seiten aus den unterschiedlichen Typen von Märkten aus:

- **Vertikale Marktplätze**: Die Transaktionen erfolgen innerhalb einer Branche, z.B. Chemie oder Maschinenbau.
- **Horizontale Marktplätze**: Die Unterteilung erfolgt brachenunabhängig nach Typen von Transaktionen (Verbrauchsmaterialien, Logostikdienste).
- **Verkäufer-Sites**: Anbieter bauen eine gemeinsame Plattform für den Verkauf von Produkten auf.
- **Käufer-Sites**: Nachfrager gründen einen elektronischen Markt für den Einkauf ihrer Produkte.
- **Intermediär-Sites**: Dienstleister (Händler, Logistik-Unternehmen, Softwareanbieter) entwicklen Marktplätze.

Nachfolgend einige ausgewählte Marktplätze als Beispiel:

Web-Adresse www.	**Angebot**
agenturportal.de	PR, Werbeagenturen, Eventagenturen
verpackungskatalog.de	Verpackungsindustrie und ihre Kunden
topautomation.de	Handelsplattform Automatisierungstechnik
wirescout.de	„Virtueller Tisch“ für die Kabelbranche
chemsynergy.de	Marktplatz für die chemische Industrie
WebTradeCenter.de	Branchenneutrale E-Commerce-Plattform

5.3.3 Online-Datenbanken

Online-Datenbanken sind der Highway zu zahlreichen Quellen für wertvolle Konkurrenzinformationen.

Die ersten Online-Datenbanken entstanden in den USA bereits vor mehr als 25 Jahren im Rahmen der nationalen Raumfahrtprogramme. Sie enthielten bibliographische Hinweise auf überwiegend naturwissenschaftlich-technische Fachliteratur. Das Angebot wuchs zunächst langsam, in den letzten 20 Jahren zügig um Produkte aus weiteren Sachgebieten. Mit einigem Zeitverzug gegenüber der Entwicklung in den USA begannen Einrichtungen in Europa mit der Herstellung und dem kommerziellen Vertrieb von Online-Datenbanken. Das Spektrum von Literaturdatenbanken wurde um Volltext-Datenbanken mit numerischer bzw. text-numerischer Information ergänzt. Die Vernetzung im Bereich Telekommunikation trug dazu bei, dass ein weiterer Markt für elektronische Informationsdienste entstehen konnte.

Die Angebotsseite des Datenbankmarktes hat sich in den vergangenen Jahren sehr dynamisch entwickelt. Heute sind weltweit mehr als 6000 Datenbanken zugänglich. Die Entwicklung des Datenbankangebots ist eng verknüpft mit der Entwicklung der Datenbanknutzung. In der Vergangenheit wurden Online-Datenbanken vorwiegend für wissenschaftlich-technische Fragestellungen eingesetzt. Hauptkunden in der Wirtschaft waren Forschungs- und Entwicklungs- sowie Patentabteilungen.

Heute ist eine ganze Reihe neuer Produkte z.B. Wirtschafts- und Rechtsinformationen am Markt verfügbar, so dass auch andere Unternehmensbereiche vom Einsatz externer Datenbanken mehr als früher profitieren können. Die Schwerpunktverlagerungen bei der Datenbanknutzung in Deutschland zeigen, dass hier erheblicher Nachholbedarf bestand: Der Anteil der Wirtschaftsdatenbanken, z.B. Informationen über Firmen, Branchen, Märkte an der Datenbanknutzung hat sich von rund 14 % 1986 auf rund 35 % 1997 erhöht. Auch die Nachfrage nach Rechtsinformationen ist erheblich gestiegen.

Im Zusammenhang mit der Internationalisierung wird sich diese Tendenz noch verstärken.

5.3.4 Anbietern von Online-Datenbanken

Grundsätzlich gibt es drei verschiedene Typen von Datenbanken:

- Fakten-Datenbanken
- Bibliografische Datenbanken
- Volltext-Datenbanken

Der Zugriff auf das umfangreiche Datenbankangebot kann über eine Reihe von Hostsystemen erfolgen. Die einzelnen Organisationen sind mit unterschiedlichem Engagement auf dem deutschen Markt tätig. Im folgenden haben wir einige repräsentative Firmen und Institutionen der Informationsindustrie ausgewählt:

Bertelsmann Informations-Service (BIS) liefert u.a. eine internationale Patentliteratur (DPA, EPA, WIPO/PCT).

Dialog Corporation mit Sitz in der Schweiz verfügt über ein umfangreiches Angebot an Produkten, u.a. aus folgenden Bereichen: Biowissenschaften, Medizin, Pharmazie, Chemie, Technik/Ingenieurswissenschaften, Wirtschaftsinformationen (darunter Firmendatenbanken, Brancheninformationen).

DIMDI, Deutsches Institut für medizinische Dokumentation, verfügt über ein internationales Angebot aus den Bereichen Medizin, Biowissenschaften und Randgebieten.

Dialog-Information Services, ist Pionier im internationalen Online-Markt und bietet ein umfassendes Angebot zu praktisch allen Sachgebieten im wissenschaftlich-technischen Bereich und zur Wirtschaftsinformation (vorwiegend USA und international).

FIZ Technik mit ingenieurswissenschaftlichen Datenbanken in den Bereichen Maschinen- und Anlagenbau, Elektronik/Elektrotechnik, Fahrzeugtechnik und einem wachsenden Angebot im wirtschaftlichen Bereich (z.B.Einkaufsführer für technisch orientierte Branchen).

GBI, Gesellschaft für Bertriebswirtschaftliche Information ist Pionier im deutschen Online-Markt und bietet Informationen zu den Themen: Unternehmen, Märkte, Produkte, Management, Know-how, Direktmarketing, Osteuropa.

Genios Wirtschaftsdatenbanken, der Host der Verlagsgruppe Handelsblatt, mit einem breiten Angebot an Wirtschaftsdatenbanken, darunter die Online-Version der hauseigenen Publikationen Handelsblatt und Wirtschaftswoche.

juris, Anbieter des „Juristischen Informationsdienstes für die Bundesrepublik Deutschland", ist auf die Herstellung und die Distribution von Rechtsinformationen spezialisiert.

ORBITSearch Service (von Questel übernommen) mit einem überwiegend naturwissenschaftlich-technisch orientierten Angebot und besonderen Schwerpunkten in den Bereichen Chemie und angrenzende Sachgebiete.

Questel bietet ein breites Spektrum von Datenbanken z.B. aus den Bereichen Chemie und angrenzende Bereiche, Patente und Warenzeichen, Wirtschaftsinformationen (Schwerpunkt Frankreich und Europa).

STN International mit Netzknoten in Japan, USA, Deutschland (FIZ Karlsruhe) bietet Vielzahl von Datenbanken für den Bereich Naturwissenschaft, Technik, Werkstoffe, Patente.

Verband der Vereine Creditreform liefert auf unterschiedlichen Zugangswegen umfassende Firmen- und Bonitätsdaten.

Quelle: Cogito, Hoppenstedt

5.3.5 Recherchen in Online-Datenbanken

Die für die Nutzung von Online-Datenbanken notwendigen technischen Voraussetzungen sind heute in praktisch allen Unternehmen vorhanden. Über den PC mit Internet-Zugang können Online-Datenbankrecherchen durchgeführt werden. Sie benötigen lediglich die Zugangsberechtigung von einem der o.g. Datenbankanbieter. Diese können Sie online erhalten (siehe Anhang).

Der erste Schritt der Recherche ist die präzise Formulierung der Aufgabenstellung. Daraus leiten Sie den oder die Suchbegriffe ab. Anschließend erfolgt die Auswahl der Datenbank. Seit einiger Zeit bieten verschiedene Online-Datenbankanbieter auch die sogenannte „Cross-Funktion" an (z.B. FIZ-Technik). Sie geben Ihr Stichwort ein und erhalten dann eine Liste der Datenbanken und die Anzahl der Dokumente, die in dieser Datenbank zu dem gewählten Stichwort gespeichert sind. Dieser Schritt ist kostenlos. Wollen Sie sich die Liste der Veröffentlichung mit Titel und gegebenenfalls Untertitel anzeigen lassen, fallen Kosten in Höhe von ca. 0,10 bis 2,00 € an. Danach wählen Sie das gewünschte Dokument und drucken es aus (oder speichern es). Dieser Vorgang kostet je nach Datenbank ca. 1,00 bis 40,00 €.

Die meisten Dokumente sind elektronisch gespeichert. Wollen Sie ältere, umfangreichere oder ganz spezielle Dokumente abrufen, wird Ihnen die entsprechende Information als Volltext-Ausdruck zugeschickt.

Online-Datenbanken lassen sich u.a. für folgende Recherchen einsetzen:

- Fachartikel, Veröffentlichungen in Fachzeitschriften
- Patente
- Normen
- Zeitungsartikel
- Wirtschaftsinformationen
- Firmen und Produkte
- Trademarks

Die Zugangsvoraussetzungen zu den Informationsquellen sind mannigfaltig und die Kostenstruktur weist eine große Bandbreite auf. Es empfiehlt sich, vorher genau den Informationsbedarf abzuklären, z.B. ob Sie regelmäßig viele Informationen oder nur sporadisch benötigen oder ob Sie Informationen Online oder auf CD-ROM bevorzugen. Von diesen Entscheidungen hängen Ihre späteren Kosten ab.

Beispiele für Zugangsvoraussetzungen (Preise Frühjahr 2002)

Genios-Websearch :
- Zugang erfolgt über Internet
- Nur kostenpflichtig bei Nutzung, aber Mindestsumme pro Monat 5,00 €
- Abschicken einer Suchanfrage und Liste der gefundenen Dokumente kostet ca. 1 €
- Die Anzeige der Volltexte kostet zwischen 2 und 40 € (nach Umfang)

FIZ Technik , Online-Service
- Internet-Zugang
  Startpaket für Laufzeit von drei Monaten
- Abruf von 100 Dokumenten für insgesamt 450 €
  oder verschiedene Tarife, z.B. Tarif A:
- Anschaltzeiten zwischen 55 und 110 € die Stunde

- Einmalige Registriergebühr 80 € zuzüglich 25 € pro Jahr
- Dokumentenpreis je nach Datenbank zwischen 1,40 und 4,00 €

Hoppenstedt Firmeninformation
- auf CD-ROM (Buch-CD) 1.200 € Abo-Preis pro Jahr
- auf CD-ROM (Datenbank), Komplettversion 12.000 €, auch in Teilver-sionen erhältlich
- inklusive Installation und Mitarbeiterschulung

5.3.6 Beispiel Homepage und Online-Datenbank

Bild 5.6 Titelbildschirm der Homepage des Reiseveranstalters Hapag-Lloyd (als neutrales Beispiel aus der Reisebranche). Von hier aus kann man in den Informationsfeldern Transport, Touristik, Unternehmensinformationen weiter recherchieren.

Da bei den Unternehmensinformationen zwar die Geschichte seit Firmengründung und die Mitarbeiterzahlen zu finden waren, nicht aber der Konzern-umsatz, wurde eine Recherche über eine Online-Datenbank durchgeführt, hier die Datenbank von Hoppenstedt, Handbuch der Großunternehmen (über den Anbieter Genios-WebSearch).

Hapag-Lloyd Aktiengesellschaft
Ballindamm 25
20095 Hamburg
Telefon: (040) 30 01-0
Telex: 214 607
Telegramm: TA: Halo Hamburg
Telefax: (040) 33 64 32

Branchen Code: 5030 2460 5035 5096
Branche: See- und Kuestenschiffahrt, Schiffbau Seehaefen
Reiseveranstaltung und Reisevermittlung (Reisebueros)
SIC-Code: P4424, P3731, P4213, P4491, P4724, P4725
Rechtsform: 02 Aktiengesellschaft

Bankverbindung: Deutsche Bk; Dresdner Bk

Management:
AR Leysen, Andre (Vors.)
AR Dickhausen, Guenter (stellv. Vors.)
AR Carstensen, Meinhard
AR Corsten, Ralf
AR Ficker, Rudolf
AR Hartmann, Ulrich
AR Krumnow, Juergen
AR Kruse, Hans Jakob
AR Urban, Wolfgang
AR Vogelsang, Guenter
AR Weber, Juergen
AR Benze, Dieter
AR Degen, Gudrun
AR Mueller, Frank
AR Peters, Erhard
AR Schaffranek, Joerg
AR Schmidt, Marina
AR Schulz, Harmut
Vorst Wrede, Bernd (Vors.)
Vorst Wuelfers, Claus (stellv. Vors., Touristik)
Vorst Casjens, Guenther (Linienschiffahrt)
Vorst Kulenkampff-Boedecker, Claus-Peter (Arbeitsdir.)
Dir Delm, Wulf H.
Dir Grenz, Torsten
Dir Metze, Albrecht
Eigentuemer:
Akt Veba AG

Akt Agfa-Gaveart-Gruppe
Akt Deutsche Lufthansa AG
Akt Kaufhof Holding AG
Akt Deutsche Bank AG
Akt Dresdner Bank AG
Akt Veritas
Akt Rest Streubesitz

Produkte:
Gesch.-Taet: Betrieb der Seeschiffahrt, des Luftverkehrs und die Betaetigung in anderen Transportbereichen, Unterhaltung von Hafen- und Verkehrsbetrieben, des Reisebuerogewerbes und der Touristik, sonstige Be- und Verarbeitung von Gegenstaenden, Handel mit Industrieerzeugnissen

Niederlassungen:
Anschrift Bremen: Gustav-Deetjen-Allee 2/6, 28215 Bremen, T: SaNr.(0421) 3 50 0-0, TX: 2 46 691 hb d, TGR: Halo Bremen, Telefax: (0421) 3 50 02 28

Konzernums. 1998: € 2355Mio
Bilanzsumme 2000: € 4066 Mio
Konzernbesch. 2000: 8878
Grundkap: € 70 Mio

Linienschiffahrt: Rickmers-Linie GmbH, Hamburg - 100 %; Hapag-Lloyd Nederland B.V., Rotterdam - 100 %; Hapag-Lloyd Belgium N.V., Antwerpen -100 %; DCD (Belgium) N.V., Antwerpen - 100 %; Hapag-Lloyd Austria Ges.mbH, Wien - 100 %; Hapag-Lloyd (Italy) S.R.L., Genua - 100 %; Hapag-Lloyd (Schweiz) AG, Basel - 100 %; Hapag-Lloyd (France) S.A.R.L., Paris - 100 %; Hapag-Lloyd (U.K.)Holdings Ltd., London - 100 %; Hapag-Lloyd (America) Inc., New York - 100 %; Hapag-Lloyd International, S.A., Panama - 100 %; Hapag-Lloyd (Japan) Ltd. - 100 %; Hapag-Lloyd (Taiwan) Shipping Agencies Ltd., Taipei - 100 %; Hapag-Lloyd (Singapore) Pte.Ltd., Singapur - 100 %; Hapag-Lloyd Holding Pte.Ltd., Singapur - 100 %; Hapag-Lloyd (Australia) Pte.Ltd., Sydney -100 % Touristik: Hapag-Lloyd Fluggesellschaft mbH, Langenhagen - 100 %; Deutsche Flug-zeugvermietungs AG, Stapelfeld - 100 %; DEFAG Verwaltungsgesellschaft mbH, Hamburg - 100 %; Hapag-Lloyd Reisebuero GmbH, Bremen - 100 %; Hapag-Lloyd Tours GmbH, Bremen - 100 %; Hapag-Lloyd Kreuzfahrten GmbH, Bremen - 100 %; Bremer Schiffsvercharterungs AG, Bremen - 100 % Uebrige Aktivitaeten: Pracht Spedition + Logistik GmbH, Haiger - 100 %; Niedersachsen Versicherungs-AG, Hamburg - 100 %; ISI Insurance Service International GmbH, Hamburg - 100

Datenbank HOPP
Dokumentnummer: 315761585

In dieser Sitzung angefallene Kosten:
Kosten für Suchen und Titel/Kurzliste: 1,00 €
Kosten für Volltextdokumente: 6,10 €

Bild 5.7 Recherche-Ergebnis : Konzerninformationen über die Firma Hapag-Lloyd in Hamburg (Hoppenstedt)

5.3.7 Beispiel „Auskunft über die virtuelle Messe“

An Stelle von Recherchen über Messekataloge ist auch der Weg über die virtuelle Messe möglich. Die Datenbank „Globis“, eine Einrichtung der Hannover Messe, bietet Anbietern die Möglichkeit, ihr Leistungsspektrum aufzuzeigen. Die Eintragung in die Datenbank Globis ist kostenpflichtig. Dafür ist die Recherche von Informationen für den Internet-Benutzer kostenlos.

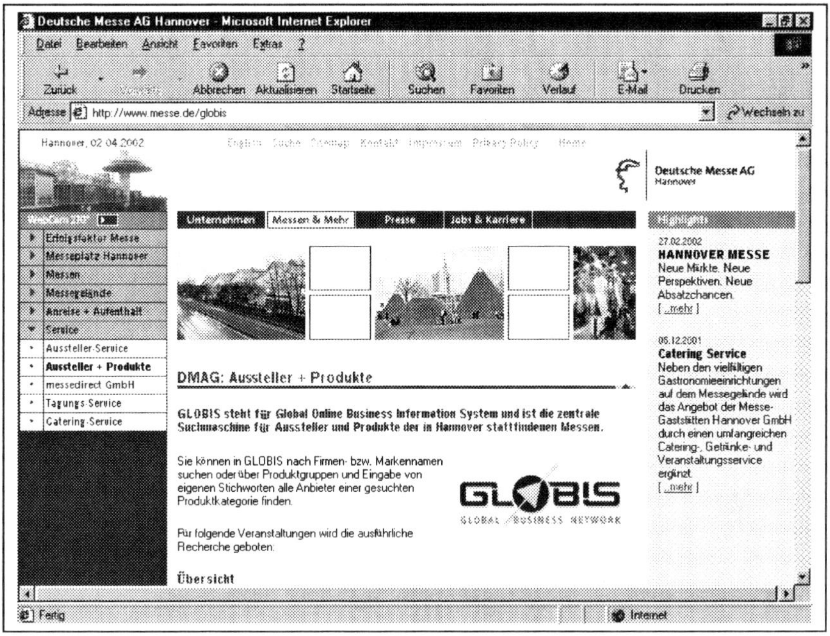

Bild 5.8 Die virtuelle Messe Globis (http://www.globis.de) bietet kostenlos ein breites Spektrum an Informationen aus der Industrie.

Die Liste der Zielgruppen, Anwendungsgebiete und Produktgruppen ist breit gefächert und reicht von A wie Antriebstechnik über I wie Industrieanlagenbau bis Z für Zulieferung (Werkstoffe). Selbstverständlich kann auch nach einem Firmennamen direkt gesucht werden.

5.3.8 Beispiel „Suche in der Search-Engine“

Der nachfolgende Ausdruck zeigt die Recherche nach dem Stichwort „Roboter“ und „Roboter“ kombiniert mit „Steuerung“. Benutzt wurde dazu die Suchmaschine Hotbot (Adresse: http://www.hotbot.com). Bei der ersten Suche gab es 3.835 Treffer, die zweite Suche brachte 629 Treffer. Im Anhang finden Sie eine Liste weiterer Suchmaschinen.

Bild 5.9 Mit Hilfe der Search-Engines wird das ausufernde World Wide Web strukturiert.

5.4 Field-Research

Wenn Sie Informationen mittels Field-Research beschaffen, sind die Kosten, z.B. verursacht durch Reisen und Vor-Ort-Besuche unter Umständen höher als beim Desk-Research. Dafür erhalten Sie aber gerade solche Informationen über die Konkurrenz, die Sie anders nicht bekommen können. Beim Field-Research nehmen Sie direkten Kontakt mit Ihren primären Informanten auf. Das können z.B. sein, Kunden, Wiederverkäufer, Redakteure, Zulieferer, Verarbeiter, d.h.

Firmen und Institutionen, mit denen Ihr Konkurrent in irgendeiner Geschäftsbeziehung steht. Auf Grund der Verbindungen verfügen diese Informanten häufig über aktuelle Informationen aus direkter Quelle. Versuchen Sie herauszufinden, mit wem Ihr Konkurrent geschäftliche Beziehungen betreibt. Bauen Sie einen persönlichen Kontakt mit Personen aus diesem Kreis auf.

**Suchen Sie nach dem roten Faden:
Wer hat mit Ihrem Wettbewerber Geschäftskontakt ?**

Prinzipiell können Sie Befragungen auf vier Arten durchführen:

- **Persönliches Interview**

Das persönliche Interview hat im Vergleich zum per Post versandten Fragebogen den Vorteil, dass Sie Fragen zum richtigen Verständnis erläutern und im Bedarfsfall nachhaken können. Häufig werden die wertvollsten Informationen beiläufig „zwischen den Zeilen“ erwähnt. Außerdem kann man im persönlichen Gespräch durch eine geschickte Fragetechnik eine Fülle von Informationen innerhalb kürzester Zeit aufnehmen. Nachteil der Befragung ist der hohe Kostenaufwand, wenn z. B. systematisch eine größere Anzahl von Kunden mit Konkurrenzerfahrung aufgesucht werden soll. Sie können die Absicht Ihres Gespräches auch tarnen, indem Sie einen anderen Gesprächsgrund vorgeben und die Fragen zur Konkurrenz nur beiläufig erwähnen.

- **Telefon**

Das Telefon als Interview-Medium ist einerseits effizient, beschränkt das Interview aber auf sehr einfache und kurze Fragen. Bereiten Sie Telefon-interviews mit einem wohl durchdachten Briefing gut vor und stellen Sie kurze Fragen, die direkt beantwortet werden können.

- **Telefax**

Das Telefax besitzt häufig einen höheren Aufmerksamkeitsgrad als der Brief. Nutzen Sie das Telefax als schnelles und direktes Interview-Mittel.

- **Telefon und Fax**

Die Kombination von Telefax und Telefon ist in vielen Fällen der beste Kompromiss. Schicken Sie Ihrem Interviewpartner ein Telefax und rufen Sie ihn anschließend an. Sie kombinieren damit die Vorteile der persönlichen Kommunikation durch das Telefon mit der Visualisierung der Fragen durch das Fax. Nutzen Sie den Faxbogen als Leitfaden für das Telefonat. Aber bitten Sie Ihren Gesprächspartner, nicht das ausgefüllte Fax an Sie zu senden. Füllen Sie möglichst die Fragen für Ihren Gesprächspartner aus.

- **Versand von Fragebögen per Post und telefonisches Nachfassen**

Bei Anfängern im Marketing ist diese Art der Befragung sehr beliebt. Man hofft mit relativ wenig Aufwand und niedrigen Kosten die Interviewpartner zu erreichen. Leider sind die Ergebnisse in den vielen Fällen enttäuschend. Sie haben zudem keine Möglichkeit, die Wahrhaftigkeit von Aussagen zu hinterfragen. Mit der Post versandte Befragungen über die Konkurrenz sind nur dann sinnvoll, wenn sie sich an ausgewählte Personen richten, die anschließend angerufen werden. Fassen Sie deshalb bei per Post versandten, schriftlichen Befragungen telefonisch nach.

- **E-Mail**

E-Mails eignen sich zum Versand von Fragebögen sehr gut. Aber Vorsicht: Verschicken Sie nur E-Mails an Personen, mit denen Sie eine enge Geschäftsbeziehung pflegen. Der Versand von „Massen-Mails" an Unbekannte ist in Deutschland nicht erlaubt und bringt außerdem keine verwertbaren Ergebnisse.

- **Web Traffic Analyse**

Nutzen Sie auch Befragungen von Besuchern auf Ihrer Homepage. Wenn Sie interessante Fragen formulieren (nicht mehr als ca. zwölf), können Sie mit Response rechnen. Verknüpfen Sie die Beantwortung auch mit der Teilnehme an einer Monatsverlosung.

Quellen und Informanten:

1. Kunden

Gemeint sind hier eigene Kunden, aber auch Kunden der Konkurrenz. Wählen Sie Kunden aus, die über möglichst langjährige Erfahrungen mit Konkurrenten und Konkurrenzprodukten verfügen. Führen Sie gut vorbereitet Gespräche mit Anwendern, Planern, Entscheidern und Mitentscheidern aus verschiedenen Abteilungen durch. Nutzen Sie einen schriftlichen Fragebogen als Grundlage des Gespräches und zur späteren Auswertung.

- Begleiten Sie Vertriebsmitarbeiter. Als zuhörender Dritter hören Sie eventuell mehr heraus.
- Befragen Sie Kunden telefonisch.
- Verwenden Sie Fax und Telefon

- Binden Sie den Vertrieb und Service als "Konkurrenzforscher" ein
- Nutzen Sie günstige Gelegenheiten, um nach Erfahrungen mit Konkurrenten zu fragen (Anrufe Ihres Kunde, Messekontakte, Seminare).

2. Wiederverkäufer
Händler, Vertretungen im In- und Ausland und OEMs verkaufen häufig auch Wettbewerbsprodukte. Diese Erfahrungen sollten Sie anzapfen.

3. Produktekauf und detaillierte Untersuchung
Untersuchen Sie Wettbewerbsprodukte auf Stärken und Schwächen. Ermitteln Sie die Material-, bzw. Herstellkosten. Beschaffen Sie die Produkte direkt oder über Mittler, z. B. über gute Kunden oder Handelsvertreter.

4. Vor-Ort-Besichtigungen
Sollten Sie die Wettbewerbsprodukte aus z. B. Kostengründen nicht beschaffen können, suchen Sie nach Kunden des Wettbewerbs, z.B. aus der Referenzliste und führen Sie eine gründliche Vor-Ort-Besichtigung durch.

5. Messen, Ausstellungen und Kongresse
Messen, Ausstellungen und Kongresse sind die besten Gelegenheiten, Wettbewerber gezielt zu analysieren. Besonders Messen, auf denen die Konkurrenz mit einem eigenen Stand vertreten ist, eignen sich sehr gut. Suchen Sie bewusst den persönlichen Kontakt zu Wettbewerbern. Halten und pflegen Sie den Kontakt. Beobachten und beurteilen Sie auf der Messe:

- Größe und Design des Messestandes
- Wirkung: Konservativ oder innovativ?
- Verhalten des Standdienstes
- Ankündigung neuer Produkte
- Darstellung von Produkten auf Tafeln und Modellen
- Argumentation
- Hören Sie sich aufmerksam Vorträge an

6. Direkter persönlicher Kontakt zu Wettbewerbern
Ein guter Draht zum Wettbewerb ist Goldes wert. Freunden Sie sich mit den Kollegen des Wettbewerbs an.

7. Kunden-Gruppeninterview
Eine besondere Form der Kundenbefragung ist das Kunden-Gruppeninterview. Das Kunden-Gruppeninterview ist eine der kreativsten Methoden, um Wettbewerbsinformationen direkt vom Kunden zu erfahren. Es eignet sich, um Infor-

mationen über Produkte und Dienstleistungen des Wettbewerbs einzuholen, aber auch um die eigene Position im Vergleich zu Wettbewerbern besser be-stimmen zu können.

Zur Durchführung werden ausgewählte Personen eingeladen, die Erfahrung mit der Konkurrenz haben, z. B. mit Produkten des Wettbewerbs. Wählen Sie Personen aus unterschiedlichen Abteilungen, z.B. Anwender, Einkäufer, Techniker etc. aus. Die Kunden werden in einem Gruppeninterview systematisch zu ihren Erfahrungen befragt. Das führt zu spontanen Äußerungen, die bei schriftlichen Befragungen nicht offen genannt würden. Welche Anbieter von xy-Produkten kennen Sie? Wie sind Ihre Erfahrungen mit der Firma xy? Wie sind Ihre Erfahrungen mit der Installation der Inbetriebnahme, der Handhabung von Produkten der Firma xy? Strukturieren Sie das Interview nach Informationsgruppen, wie etwa Auftreten des Wettbewerbs, Erfahrungen mit dem Außendienst. Protokollieren Sie alle Antworten mit dem Tonband.

8. Mitarbeiter oder ehemalige Mitarbeiter des Wettbewerbs
Abwerben von Mitarbeitern des Wettbewerbs

Zu den weniger fairen Methoden gehören:

- Plazieren einer Stellenanzeige in der Region des Wettbewerbs mit einem besonders attraktiven Angebot. Ausfragen der Bewerber im zweiten oder dritten Vorstellungsgespräch
- Vermeintlicher Kauf von Produkten des Wettbewerbs. Aufnahme von Geschäftsbeziehungen mit dem Konkurrenten, um Produkte des Wettbewerbs in das eigene Programm aufzunehmen. Dabei wird die Firma genau inspiziert sowie eine Lieferantenbewertung durchgeführt. Der Kauf kommt aber aus Preisgründen nicht zustande

9 . Lieferanten und Verarbeiter
Ermitteln Sie mit Hilfe einer Produktuntersuchung, welche Schlüsselteile oder Baugruppen Ihr Konkurrent von wem bezieht. Nehmen Sie Kontakt mit Außendienstmitarbeitern von Lieferanten auf. Schmeicheln Sie dem Außendienstler, wie gut er seine Kunden kennt. Vielleicht „packt er aus“.

10. Redakteure von Zeitschriften
Redakteure wollen die ersten sein, wenn es um wirtschaftliche und technische Neuigkeiten bei Ihrem Publikum geht. Halten Sie sich einen Draht zu den Redakteuren von Schlüsselzeitschriften Ihrer Branche. Gespräche auf Messen sind gut geeignet, aber auch der Kontakt Ihrer PR-Abteilung zur Redaktion.

11. Vergabestellen von Fördergeldern
Über Förderanträge lassen sich Absichten im F&E-Bereich erkennen.

12. Verbände
Verbände führen Produktionsstatistiken ihrer Mitglieder. Auf Verbandstagungen können Sie Kontakt zu Ihrem Wettbewerb suchen.

13. Normungsgremien
In Normungsgremien finden Sie häufig Ihre aktivsten Wettbewerber. Ein Small-Talk am Mittagstisch bringt manchmal Erstaunliches zu Tage.

Kunden und Personen, mit denen Ihr Konkurrent in Geschäftsbeziehungen steht, sind die ergiebigsten Informationsquellen.

5.5 Tipps für die erfolgreiche Durchführung von Interviews

5.5.1 Interviewtechniken

Wenn Sie folgende Tipps beherzigen, werden Sie bei Interviews schneller zum Ziel kommen.

1. Personalisieren Sie das Gespräch
   - Erläutern Sie wer Sie sind und warum Sie anrufen oder schreiben.
   - Bauen Sie Eisbrecherfragen ein - nicht nur am Anfang.
   - Geben Sie Ihre Telefonnummer für Rückfragen an.

2. Fixieren Sie eine Zielperson
   - Stellen Sie fest, mit welcher „Funktion" Sie sprechen wollen, bevor Sie anrufen oder schreiben.
   - Erfragen Sie den Namen der Zielperson über PR- oder Personalabteilung.
   - Notieren Sie den Namen des Gesprächspartners mit Durchwahl.

3. Zeigen Sie Neugier, nicht Allwissenheit
   - Gehen Sie davon aus, dass die meisten Menschen gern über das reden, was sie wissen. Animieren Sie sie dazu. Hören Sie aktiv zu !
   - Zeigen Sie keine Aggression oder Eile und flehen Sie nicht nach Informationen.

4. Benutzen Sie Ihre Stimme als Visitenkarte
   - Lächeln Sie - und Sie haben automatisch eine freundliche Stimme.
   - Telefonieren Sie im Stehen, wenn Ihnen Volumen und Ausdruckskraft ein Problem sind.

5. Informieren Sie sich vorab
   - Versuchen Sie das Gleichgewicht zwischen Allwissenheit und Naivität zu halten.
   - Zeigen Sie getarnte Neugier - aber wappnen Sie sich vorher mit Daten, um die richtigen Rückfragen zu stellen.

6. Halten Sie den Dialog aufrecht
   - Kommentieren Sie die Antworten, so dass Sie nicht nur Fragen stellen.
   - Lassen Sie den Gesprächspartner auch Fragen stellen.
   - Tauschen Sie Informationen aus.

7. Wie Sie mit Zahlen umgehen
   - Keiner hat Zahlen im Kopf. Vereinbaren Sie einen Rückruf.
   - Geben Sie sich alternativ mit „von-bis-Zahlen“ zufrieden.

8. Geben Sie an, Sie wurden an den Gesprächspartner weiterempfohlen
   - Es schmeichelt sehr, wenn man hört, man wurde empfohlen. Es bannt die Skepsis. Nachschlagewerke gelten ebenfalls als Empfehlung.

9. Timing ist alles
   - Montag morgens und Freitag abends vermeiden.
   - Vormittage sind besser als Nachmittage.

10. Lassen Sie sich nicht abwimmeln
    - Seien Sie beharrlich - aber in Grenzen.
    - Lassen Sie sich einen verbindlichen Termin für einen Rückruf geben.
    - Geben Sie an, wieviel Zeit Sie für das Gespräch benötigen werden.

11. Erstellen Sie einen Fragebogen oder Interview-Leitfaden
    - Dadurch sichern Sie die Vergleichbarkeit der Ergebnisse.
    - Sie können das Vokabular einüben.
    - Sie ermöglichen einen logischen Pfad der Gesprächsführung.

5.5.2 Beispiel-Leitfaden für eine telefonische Befragung

Telefonische Befragungen erfordern eine gründliche Vorbereitung und einen Leitfaden. Achten Sie vor allem auf den psychologisch günstigen Ablauf Ihres Interviews. Das nachfolgende Gespräch ist als Kundenbefragung getarnt, der wahre Grund wird nicht genannt. Tatsächlich dient das Gespräch dazu, den Kunden über Erfahrungen mit der Konkurrenz „auszuhorchen“.

1. Vorstellen
"Guten Tag Herr Huber. Mein Name ist Peter Klein von der Firma Müller AG."

2. Gesprächspartner definieren (wenn erforderlich)
"Es ist doch richtig, dass Sie Leiter der Abteilung ... sind"

3. Wertschätzung für den Gesprächspartner zeigen
"Herr Huber, Sie sind mir als (besonders) kompetenter Gesprächspartner zum Thema ... genannt worden."

4. Kurze Info geben worum es geht. "Höheren Grund" des Interviews ansprechen.

"Wir sind Hersteller von ... "
oder *"Sie kennen sicherlich unser Unternehmen. Wir sind Hersteller von ..."*
"Wir beabsichtigen unser Produkt ... zu verbessern. Dazu befragen wir die kompetentesten Anwender und Experten (unsere erfahrensten Kunden)"
"Die Befragung dient dazu ... Sie haben die Möglichkeit an der Gestaltung... mitzuwirken.. ".

5. Bereitschaft abfragen
"Darf ich Ihnen dazu ein paar kurze Fragen stellen? Wir benötigen etwa 4 Minuten dafür."

6. Auf das Thema kommen. Nach Erfahrung fragen bzw. Fragen stellen.
"Herr Huber, setzen Sie in Ihrem Unternehmen ... ein." usw. oder
"Herr Huber beim ... tritt folgendes Problem auf... Wie sind da Ihre Erfahrungen"
„Mit welchen Produkten arbeiten Sie? ... Wie sind Ihre Erfahrungen ?"
„Ist das Produkt der Firma .. wirklich so gut, wie das die Prospekte behaupten?"
Bleiben Sie beim Thema Wettbewerb hängen, haken Sie nach.

7. Höchstes Interesse zeigen, Bestätigung geben und nachhaken, um das zu erfahren, was Sie wissen wollen
"Das ist äußerst interessant, was Sie da sagen..."

8. Schreiben Sie mit

9. Schätzen Sie die Kompetenz Ihres Gesprächspartners ein. Handelt es sich um einen Schwätzer oder eher um einen wertvollen Interviewpartner für Sie?
Vergeben Sie die Note „+10" für Top-Kompetenz, die Note 1 für unbrauchbare Informationen.

10. Schließen Sie das Gespräch ab
"Herr Huber, vielen Dank für dieses interessante Gespräch. Darf ich Sie noch einmal anrufen, wenn wir Fragen zum Thema .. haben."

Die Neugierigen machen ziemlich viele Fehler ...
... aber sie lernen aus den Niederlagen mehr als ihre
ruhebedürftigen Konkurrenten aus den Nichtfehlern,
die mit dem Nichtstun und dem Nullrisiko verbunden sind.

6. Was Sie über Ihren Wettbewerb wissen sollten

Für die langfristige Sicherung des Markterfolges sind gute Informationen über die Konkurrenz unerlässlich. Dabei sollten gegenwärtige, aber auch potenzielle Konkurrenten berücksichtigt werden. Wer gegen den Wettbewerb bestehen oder Wettbewerber verdrängen will, muss seine Ziele und Strategien genau kennen. Sie benötigen das Wissen über eigene Stärken und Schwächen sowie die der Konkurrenz. Sie benötigen aktuelle Informationen über Preise und Leistung von Produkten und Dienstleistungen. „Hard facts“ statt Bauchentscheidungen sind gefragt.

Welche Informationen der Konkurrenz werden benötigt?

1.	Preisgestaltung	79 %
2.	Produktplanung	52 %
3.	Werbestrategie	49 %
4.	Kostenstruktur	47 %
5.	Umsatzzahlen	46 %
6.	F & E	41 %
7.	Design	31 %
8.	Produktionsverfahren	30 %
9.	Patente	22 %
10.	Finanzierungspraxis	20 %
11.	Management-Entlohnungspraxis	20 %

Bild 6.1 Ranking gemäß einer Befragung in den USA (Quelle Harvard Manager)

Sie haben unterschiedliche Wettbewerber. Einige sind direkt mit Ihnen vergleichbar, andere nur in Teilbereichen. Die nachfolgende Systematik hilft Ihnen, die für Ihr Unternehmen relevanten Informationsfelder herauszufinden. Der erste Schritt besteht darin, festzulegen, welche Konkurrenten Sie analysieren und beobachten wollen.

1. Identifizieren der Wettbewerber

- Welche Konkurrenten sollen überwacht werden?
- Stufen Sie Ihre Hauptwettbewerber nach folgenden Kriterien ein:
  - Derzeitige direkt zu vergleichende Konkurrenten mit großer Überlappung bei der Produktpalette und bei Dienstleistungen
  - Derzeitige direkt zu vergleichende Konkurrenten mit großer Überlappung bei Zielgruppen und Ländern
  - Konkurrenten in Teilbereichen der Produktpalette und Marktbearbeitung
  - Anbieter mit Substitutionsprodukten
  - Potenzielle Konkurrenten: Firmen die Konkurrenten werden können.

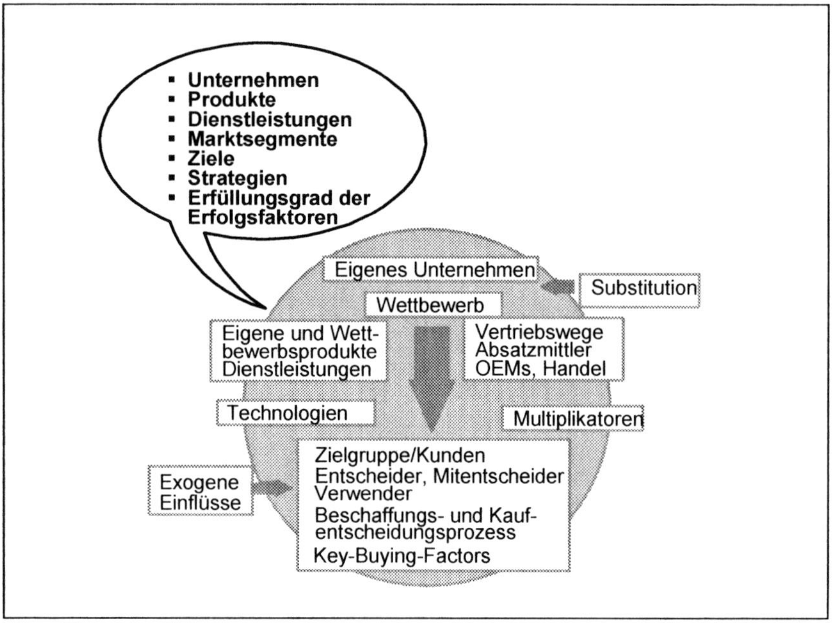

Bild 6.2 Identifizieren und klassifizieren Sie Ihre Wettbewerber

Klassifikation nach Strategie und Marktposition

- Marktführer
- Angreifer/Herausforderer
- Aktiver Verfolger
- Mitläufer
- Nischenanbieter

Legen Sie fest, welche der nachfolgenden Informationen Sie über Ihre Wettbewerber benötigen:

2. Unternehmen

2.1 Generelles

- Sitz der Muttergesellschaft
- Töchter
- Rechtsform
- Mitarbeiter, Anzahl und Entwicklung
- Umsatz und Umsatzentwicklung
- Spartenumsätze
- Eigentumsverhältnisse
- Gründungsjahr
- Standortbewertung
- Unternehmenskultur
- Mitarbeiterorientierung
- Lohnniveau
- Kernkompetenzen

➔ **Arbeiten Sie die Kernfähigkeiten des Wettbewerbers heraus**

➔ **Sind Stärken und Schwächen erkennbar? Welche?**

2.2 Organisationsstruktur

- Interne Aufbauorganisation. Organigramm
- Konzernzugehörigkeit/Verflechtungen
- Geschäftsbereiche
- Kooperationen
- Beteiligungen

➔ **Schätzen Sie die organisatorische Stärke auf der Skala -3...0...+3 ein**

➔ **Arbeiten Sie die markanten Stärken und Schwächen heraus**

2.3 Management

- Manager-Persönlichkeiten
- Führungskultur

➔ **Schätzen Sie die Management-Stärke ein**
➔ **Sind Ziele und Strategien erkennbar? Welche?**
➔ **Arbeiten Sie die markanten Stärken und Schwächen heraus**

2.4 Mitarbeiter

- Qualifikation
- Motivation

➔ **Schätzen Sie die Mitarbeiterstärke ein**
➔ **Arbeiten Sie die markanten Stärken und Schwächen heraus**

2.5 Kostenstruktur

- Bilanz, GuV-Rechnung, Gewinn, Cash-Flow
- Umsatzrendite
- Kreditwürdigkeit
- Investitionen
- Eigenkapitalquote

➔ **Beurteilen Sie die Kapitalstärke**
➔ **Arbeiten Sie die markanten Stärken und Schwächen heraus**

2.6 Produktion

- Produktionsstätten
- Ausstattung und Modernisierungsgrad
- Anzahl der Mitarbeiter
- Fertigungstiefe
- Produktionsverfahren
- Fertigungszeiten
- Produktions-Know-how

➔ **Schätzen Sie die Produktionsstärke ein**
➔ **Arbeiten Sie die markanten Stärken und Schwächen heraus**

2.7 Forschung, Entwicklung und Konstruktion

- Ausstattungsgrad
- Anzahl der Mitarbeiter
- Time-to-Market
- Forschungs- und Entwicklungsaufwand
- Teilnahme an Innovationsförderprojekten
- F&E-Know-how
- Patente

➔ **Schätzen Sie die F&E-Stärke ein**
➔ **Arbeiten Sie die markanten Stärken und Schwächen heraus**

2.8 Vertrieb und Marketing

- Anzahl der Vertriebsmitarbeiter
- Inlandstöchter, Vertretungen
- Auslandstöchter, Vertretungen
- Vertriebswege
- Einschätzung des Vertriebes: Vertriebsstärke
- Werbeausgaben
- Marktforschung
- Marketing, Produkt Management
- Internationalisierung

Schätzen Sie die Vertriebsstärke je nach Region ein:

➔ **Vertriebsstärke Inland**
➔ **Vertriebsstärke Rest-Europa**
➔ **Vertriebsstärke Asien**
➔ **Vertriebsstärke USA**
➔ **Arbeiten Sie die markanten Stärken und Schwächen heraus**

2.9 Service

- Art
- Anzahl von Mitarbeitern
- International

➔ **Servicestärke**
➔ **Arbeiten Sie die markanten Stärken und Schwächen heraus**

2.10 Beschaffung
- Globalisierung
- Hauptlieferanten

➔ **Beschaffungsstärke**
➔ **Arbeiten Sie die markanten Stärken und Schwächen heraus**

3. Produktprogramm, Produkte und Technik
- Übersicht über Programm und Produkte
- Hauptumsatzträger, A-Produkte/Strategische Produkte
- Produkte-Vergleich
  - -Technik
  - -Funktionen
  - -Erfüllungsgrad von Key-Buying-Factors
  - -Stärken und Schwächen
  - -Material-/Herstellkosten
- Alter der Produkte: Position von Schlüsselprodukten im Produkt-Lebenszyklus
- Produktqualität
- Verfügbare Technologien
- Patente/Schutzrechte

➔ **Stärke einzelner Produkte**
➔ **Arbeiten Sie die markanten Stärken und Schwächen heraus**

4. Dienstleistungen
- Beratung
- Engineering
- Lieferzeit
- Dokumentationen
- Gewährleistungszeit

➔ **Schätzen Sie die Dienstleistungsstärke ein**
➔ **Arbeiten Sie die markanten Stärken und Schwächen heraus**

5. Preise und Preisverhalten

- Preisniveau
    - Low-cost
    - Mid-Range
    - High-end
- Preisverhalten
- Rabattgefüge
- Position im Preis-Leistungs-Diagramm
- Deckungsbeitrag

➔ **Schätzen Sie die Preisstärke nach z. B. Produkten ein**

6. Marktposition und Distribution

- Auslandsaktivitäten: Länderschwerpunkte
- Internationalisierungsgrad
- Zielgruppen und Kunden
- Branchenschwerpunkte
- Marktsegmente
- Anwendungs-Know-How
- Marktanteile
- Wichtige Schlüsselkunden
- Bekanntheitsgrad, Image
- Grad der Marktorientierung
- Öffentlichkeitsarbeit
- Auftritt

➔ **Schätzen Sie die Marktposition ein**
➔ **Arbeiten Sie die markanten Stärken und Schwächen heraus**

7. Kommunikation

- Einschätzung der Prospekte
- Messeauftritt
- Werbung
- Öffentlichkeitsarbeit
- Verkaufsförderung

➔ **Schätzen Sie die Kommunikationsstärke ein**
➔ **Arbeiten Sie die markanten Stärken und Schwächen heraus**

8. Übergeordnete Ziele und Strategien

- Unternehmensstrategie
- Produktstrategien
- Marktstrategie
- Entwicklungsstrategie
- Produktionsstrategie
- Zukunftspläne
- Investitions-und Rationalisierungsvorhaben
- Visionen

➔ **Arbeiten Sie die markanten Stärken und Schwächen heraus**

9. Typisches Verhalten von Wettbewerbern

Erstellen Sie gegebenenfalls ein Profil für das **typische Verhalten** Ihrer Hauptkonkurrenten:

Innovativ	<==>	Konservativ
Risikofreudig	<==>	Risikoscheu
Investitionsfreudig	<==>	Investitionsscheu
Aggressiv	<==>	Zurückhaltend
Flexibel	<==>	Starr
Starke Kundenorientierung	<==>	Schwache Kundenorientierung
Regional tätig	<==>	Global tätig

usw.

10. Marktposition von Wettbewerbern

Schätzen Sie Ihre eigene und die Marktposition der Konkurrenten ein:

- Marktbeherrschung
- Starke Marktposition
- Günstige Marktposition
- Mäßige Marktposition
- Schwache Marktposition
- Unzulängliche Marktposition
- Gefährdete Marktposition

Unterscheiden Sie gegebenenfalls nach strategischen Geschäftseinheiten, wenn eine Gesamtbewertung nicht möglich ist.

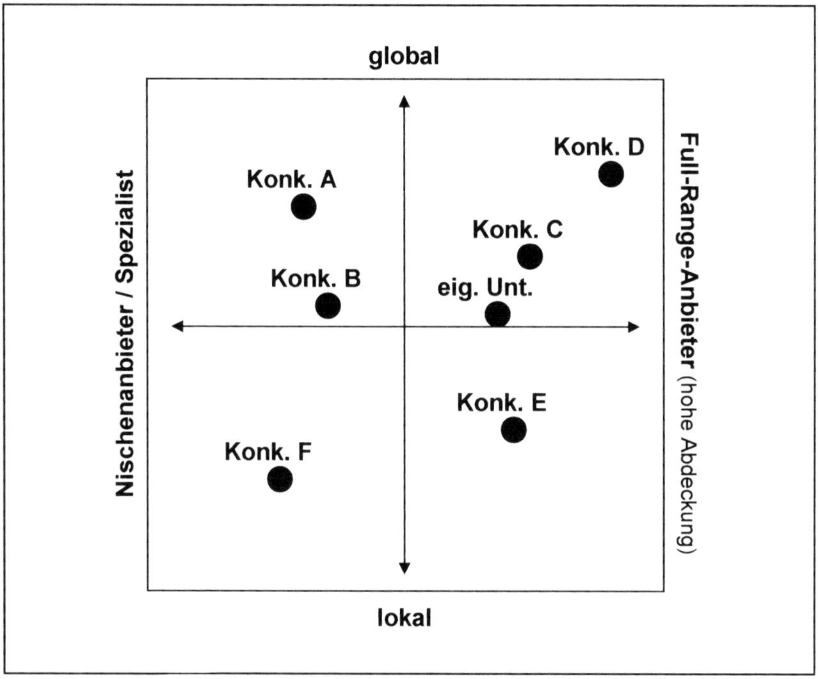

Bild 6.3 Darstellung der Marktposition anhand eines Polarogramms

Legen Sie den Informationsbedarf der verschiedenen Stellen Ihres Unternehmens fest. Verzichten Sie auf Ballast-Informationen und unnötige Überfrachtung. Visualisieren Sie die Auswertungen in Grafiken.

Auf den vorangehenden Seiten aus Abschnitt 6 haben Sie die Informationsfelder kennengelernt. Wählen Sie aus, welche davon für Ihre Analyse relevant sind. Die Ergebnisse lassen sich mit Hilfe eines Stärken-Schwächen-Diagramms übersichtlich darstellen. Im nachfolgenden Beispiel sind die Kriterien z.B. "Organisatorische Stärke" oder "Management-Stärke" untereinander gleich, d.h. mit "1" gewichtet.

Die Kriterien werden dann nach dem Erfüllungsgrad von -3 (= sehr schlecht) über 0 (= durchschnittlich) bis +3 (= sehr gut) bewertet. Sie verdeutlichen mit solchen Diagrammen, wo Sie besser oder schlechter als Ihr Wettbewerb abschneiden. Daraus leiten Sie Handlungsbedarf, bzw. Maßnahmen ab.

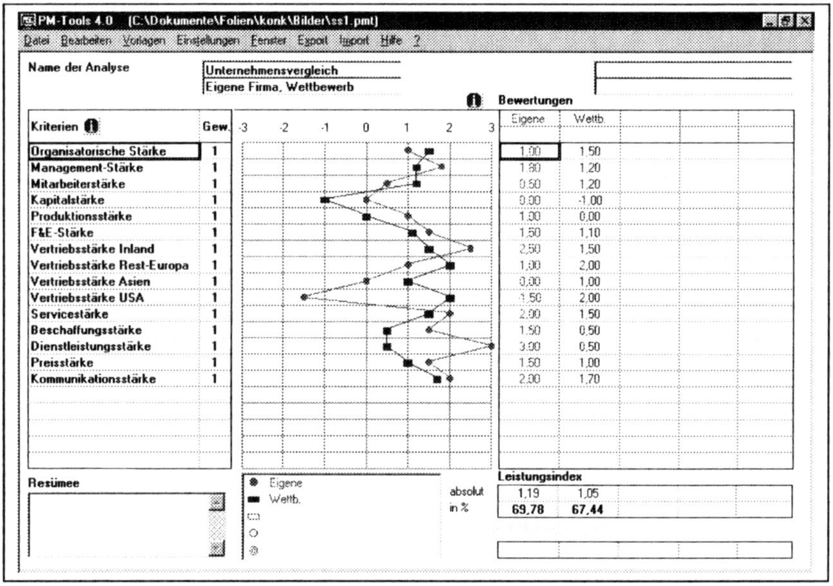

Bild 6.4: Das Stärken/Schwächen-Profil zeigt das Gesamtergebnis aus den oben angeführten Einzeleinschätzungen im Vergleich zum eigenen Unternehmen. Leiten Sie aus einer solchen Analyse Strategien und Maßnahmen gegen den Wettbewerb ab!

7. Techniken zur Auswertung und Präsentation von Konkurrenzanalysen

7.1 Übersicht

Ergebnisse von Konkurrenzanalysen müssen für das Top-Management und für andere Nutzer im Unternehmen verdichtet und aufbereitet werden. Dazu ist es sinnvoll, Daten der Konkurrenz im Vergleich zu eigenen Daten darzustellen und diese zu visualisieren. Hierzu können Sie folgende Techniken verwenden:

Beispiele für Techniken zur Konkurrenzanalyse

- Matrixtechnik
- Tabellenvergleiche
- Diagramme (Kuchen, Balken u. a.)
- Stärken/Schwächen-Analyse
- Chancen/Gefahren-Analyse
- SWOT-Matching
- Potenzial/Ressourcen-Analyse
- Preis-Leistungsdiagramm
- Potenzialanalyse
- Lebenszyklusanalyse
- Marktwachstums/Marktanteils-Portfolio
- Marktattraktivitäts/Wettbewerbsstärke-Portfolio
- Portfolio Kundenattraktivität/Lieferantenposition
- Technologie/Ressourcenstärke-Portfolio
- Marktposition/Technikposition-Portfolio
- Deckungsbeitrags/Entwicklungskosten-Portfolio
- Preis/Kundenzufriedenheits-Portfolio
- Umsatzanteil/Ertrags-Portfolio
- Netz-Darstellung

Die wichtigsten Techniken sind im nachfolgenden Abschnitt erläutert.

7.2 Matrixtechnik

Die Matrixtechnik gehört zu den einfachsten Visualisierungstechniken. Mit ihrer Hilfe lassen sich Markt- und Wettbewerbsdaten übersichtlich in Beziehung zueinander stellen. Die Matrixtechnik eignet sich auch zur Darstellung der Ergebnisse von Marketing-, Vertriebs- und Strategie-Szenarien sowie -workshops, aus denen Konkurrenzinformationen gewonnen wurden. Die Ausprägung der einzelnen Kriterien innerhalb einer Matrix können Sie auf einer Skala von z. B. -3 bis +3 oder 1 bis 10 bewerten:

a) **Ist-Situation**. Wie ist die Konkurrenzsituation gegenwärtig?
b) **Zu erwartende Entwicklung**. Mit welcher Konkurrenzsituation rechnen wir in den nächsten 3 Jahren?

Beispiele für die Darstellung von Wettbewerbsverhältnissen mit Hilfe der Matrix-Technik

- Wettbewerber / Länder
  In welchen Ländern sind welche Wettbewerber wie stark vertreten?
- Länder / Marktanteile
  In welchem Land ist der Marktanteil welcher Konkurrenten wie hoch?
- Wettbewerberaktivitäten / Branchen
  In welchen Branchen sind welche Wettbewerber wie stark vertreten?
- Wettbewerber / Produkte
  Welche Wettbewerber bieten welche Produkte an?
- Produkte / Länder
  In welchen Ländern sind welche Produkte wie stark vertreten?
- Produkte / Branchen
  In welchen Branchen sind die Produkte wie stark vertreten?
- Produkte / Applikationen
  Welche Produkte sind für welche Applikationen wie gut geeignet?

Zusätzlich lässt sich fragen:

- Wie wird die zukünftige Entwicklung in der Kombination eingeschätzt, z. B. Wettbewerbsaktivitäten/Branchen ?
- Wie groß ist das Potenzial, das noch genutzt werden kann, z. B. Branchen/Produkte oder Länder/Produkte ?
- Wie schätzen wir unsere Chancen ein, eine noch stärkere Marktdurchdringung zu erreichen (z. B. Produkte/Länder) ?

- Welche der uns bekannten Applikationen findet man in welchen Branchen? Wie stark ist die Konkurrenz, wie stark sind wir vertreten?
- Wo wollen wir zukünftig aktiver werden? Gegen welche Wettbewerber müssen wir uns dabei durchsetzen?

Indem Sie Wettbewerbsentwicklungen im Verlauf über mehrere Jahre aufzeigen, schaffen Sie Basisinformationen, um Strategien und Trends abzuleiten.

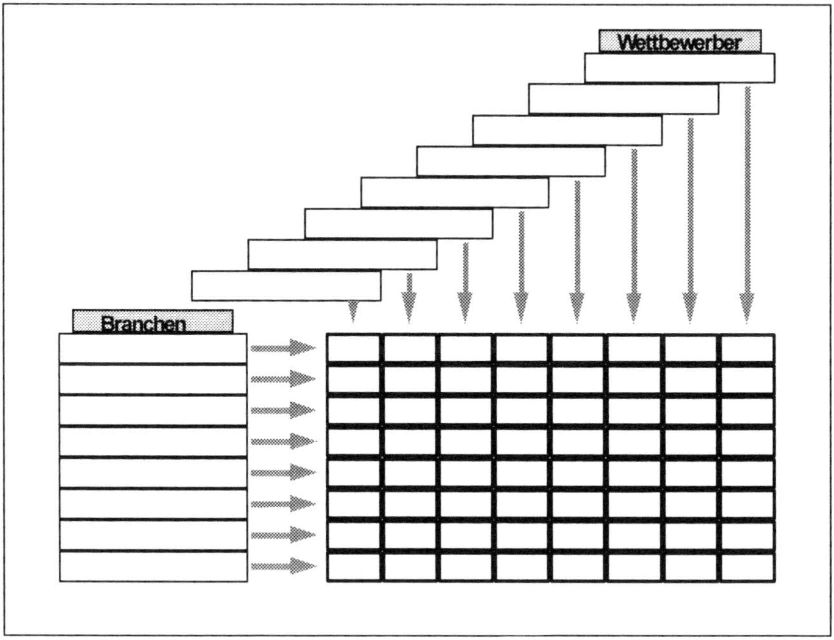

Bild 7.1
Matrix zur Ermittlung der Durchdringung von bestimmten Wettbewerbern in ausgewählten Branchen. Bewerten Sie dabei den Grad der Durchdringung beispielsweise von „0“ bis „+3“.

	Eigenes Unternehmen	Wettbewerber A	Wettbewerber B	Wettbewerber C	Wettbewerber D	Wettbewerber E	Wettbewerber F	Wettbewerber G
Abwasser Endkunde	++	o/+	↑ ++	↑ 0	0/+	0	0	0
Abwasser Wv.	++	++	↑ 0	↑ 0	↑ +	0	0	0
Wasseraufber. Endkunde	++	+	0	0	0/+	0	0	0
Wasseraufber. Wv.	++	++	0	0	↑ 0/+	0	0	0
Klein-/Mittel-/Chemie	↑ +	0/+	0	↑ 0/+	0/+	↑ 0/+	↑ 0/+	0
Großchemie	↑ 0	0	0	↑ 0	0	0	0	++
Getränke u.Lebensmittel	↑ +	0	0	0	0	↑ 0/+	0	0
Kraftwerk	0/+	0	0	+	0	0	++	0
Holz,Papier,Textil	↑ 0/+	0	0	↑ 0/+	0	0/+	0/+	0

0=schwach, +=stark, ++=sehr stark

Bild 7.2
Beispiel für eine Wettbewerbsübersicht segmentiert nach Zielgruppen . Die Ziffern geben jeweils die Einschätzung der aktuellen Marktposition (0 bis ++) an, die Pfeile deuten an, in welchen Segmenten die Marktaktivitäten der Wettbewerber weiter zunehmen wird (Tendenz).

7.3 Balken- und Kreisdiagramme

Vermeiden Sie, Tabellen mit umfangreichen Zahlenkolonnen zur Darstellung von Konkurrenzverhältnissen im Unternehmen zu veröffentlichen. Die graphische Darstellung von Umsatzzahlen, Umsatzentwicklungen, Marktanteilen usw. bringt bei Präsentationen, Diskussionen und Besprechungen deutlich mehr Verständlichkeit und Übersichtlichkeit. "Ein Bild sagt mehr als 1000 Worte".

Visualisieren Sie die Ergebnisse der Konkurrenzanalyse.

7.4 Stärken/Schwächen-, Chancen/Gefahren- und Potenzial/Ressourcen- Analyse

Die Stärken/Schwächen-Analyse zählt zu den wichtigsten Instrumenten der Konkurrenzanalyse und der strategischen Planung.

Aus Stärken/Schwächen-Profilen lassen sich im Vergleich mit verschiedenen Wettbewerbern, für wichtige Produkte oder Produktgruppen, dessen Stärken und Schwächen im Gesamtzusammenhang erkennen. Aus dem Vergleich mit Wettbewerbsunternehmen und seinen Hauptumsatzträgern können Sie Strategien, werbliche Argumentationen, Maßnahmen und Aktivitäten ableiten.

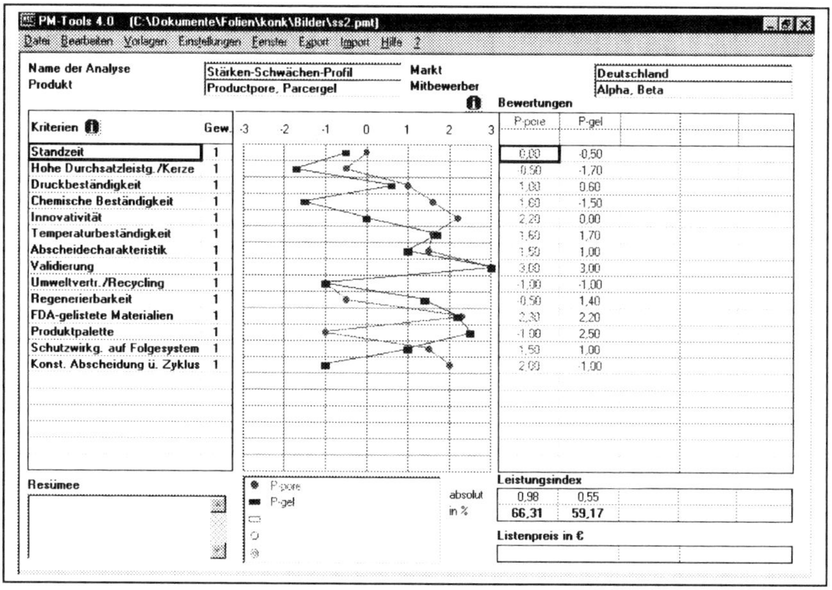

Bild 7.3 Mit Hilfe von Stärken/Schwächen-Profilen können Sie Unterschiede Ihrer Produkte zum Wettbewerb aufzeigen. Daraus lassen sich Argumente gegen Wettbewerber ableiten. Ebenso können Sie den Fortschritt des neuen Produkts im Vergleich zum Vorgängerprodukt darstellen. Das Beispiel zeigt den Erfüllungsgrad von kaufentscheidenden Kriterien (Kundenanforderungen) im Vergleich zum Wettbewerbsprodukt.

Stärken/Schwächen-Profile können erarbeitet werden:

a) Von einzelnen Mitarbeitern (Wie sieht der einzelne Mitarbeiter das Unternehmen?)
b) In der Gruppe (Workshop)
c) Von Lieferanten (Welches Image hat das Unternehmen bei seinen Lieferanten?)
d) Wenn ein entsprechendes Vertrauensverhältnis zu Wettbewerbern besteht von einzelnen Personen des Wettbewerbs (Wie sieht uns der Wettbewerb?)
e) Von Kunden (Wie beurteilen Kunden das Unternehmen?)

Vergleichen Sie die Ergebnisse der eigenen Einschätzung mit denen der Kunden. So decken Sie Unterschiede zwischen den eigenen Vorstellungen und dem tatsächlichen Image beim Kunden auf. Das Verfolgen von Stärken-Schwächen--Profilen über einen Zeitraum von mehreren Jahren lässt die Entwicklung von Konkurrenten, Geschäftseinheiten und Produkten erkennen.

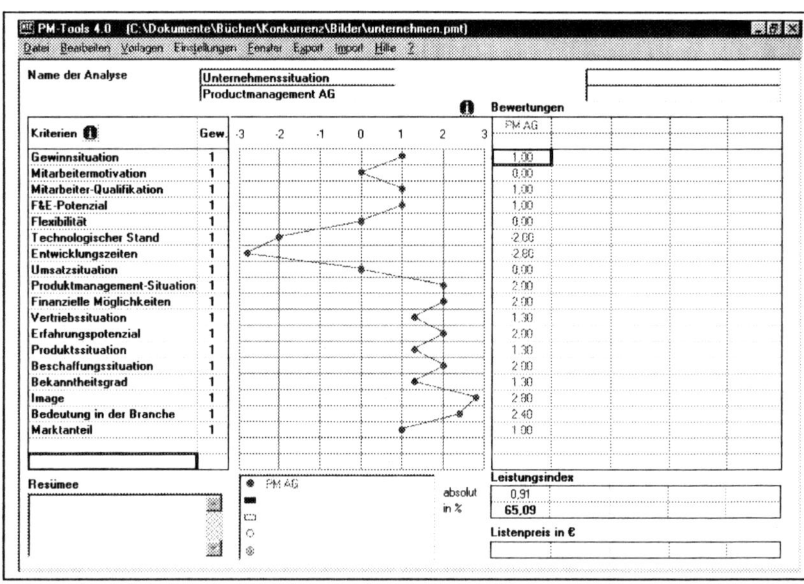

Bild 7.4 Beispiel eines Stärken/Schwächen-Profils zurUnternehmenssituation. Schwächen im Bereich Entwicklungszeiten, Mitarbeitermotivation, und Flexibilität sind klar erkennbar. Das Produktprogramm ist überaltert.

Die Stärken/Schwächen-Analyse gibt Ihnen Hinweise, wo Sie kurzfristig eigene Stärken zu Marktvorteilen umzusetzen können und welche eigenen Schwächen Sie mittelfristig abbauen sollten.

Aus Stärken/Schwächen-Analysen lassen sich u. a. ableiten:

- Produktpflegemaßnahmen
- Marktbezogene Maßnahmen
- Argumente für eigene Produkte und Dienstleistungen

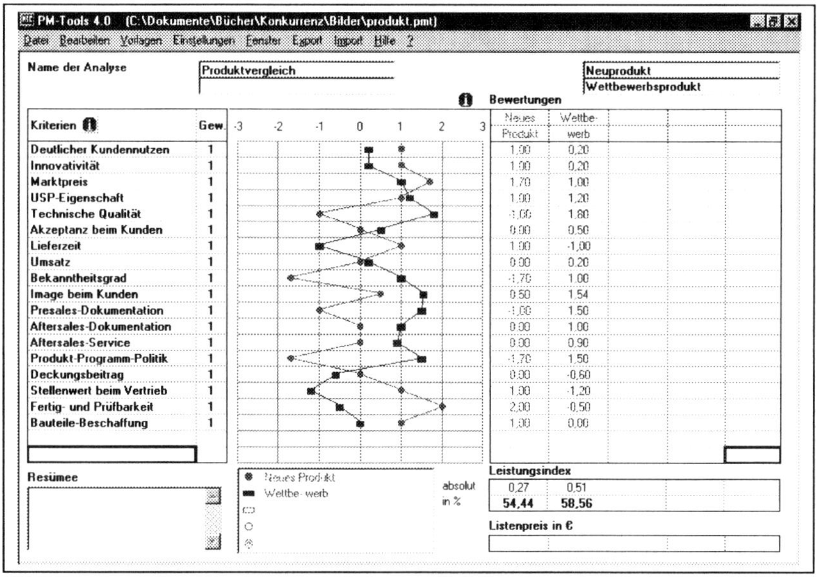

Bild 7.5 Beispiel des Stärken/Schwächen-Profils für ein neues Produkt im Vergleich zum Wettbewerb. Das Produkt ist gut konzipiert, zeigt Stärken in der Innovativität und im Kundennutzen. Die technische Qualität ist allerdings noch nicht ausreichend. Ebenso fehlen noch Optionen und Zubehör. Die Dokumentation ist noch nicht ausgereift. Der Bekanntheitsgrad sowie der Deckungsbeitrag sind noch schwach. Nach Beheben dieser typischen "Kinderkrankheiten" bestehen gute Erfolgsaussichten.

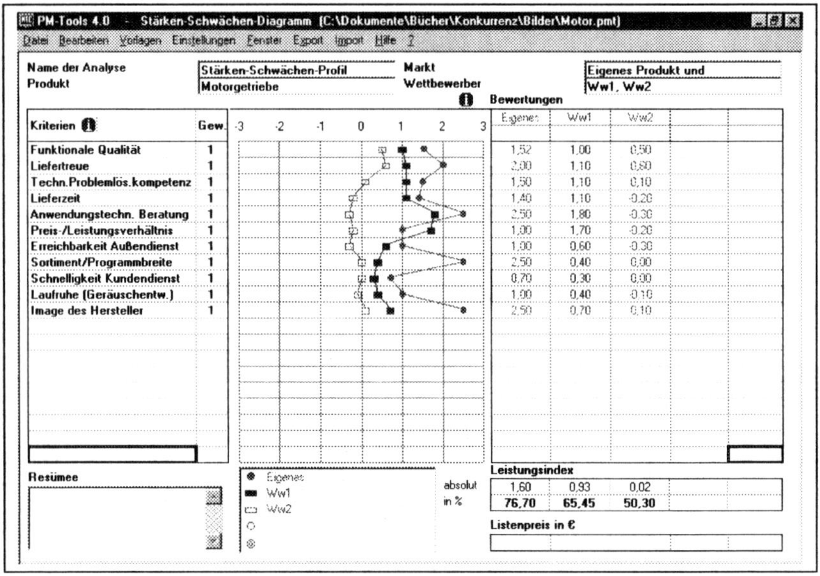

Bild 7.6 Beispiel der Stärken/Schwächen-Analyse eines Motorgetriebeherstellers für das eigene Produkt (Kreise) sowie für die zwei stärksten Wettbewerber

7.5 Potenzial-Analyse

Aus der Stärken/Schwächen-Analyse gewinnen Sie wertvolle Hinweise, bei welchen Erfolgskriterien Sie besser, gleich oder schlechter abschneiden als die Konkurrenz.

Besonders signifikant sind die deutlichen Unterschiede zu Ihrem stärksten Wettbewerber. Ihre größten Stärken gegenüber diesem Wettbewerber können Sie als Chancen nutzen. Bei den größten Schwächen besteht die Gefahr, dass sich Ihr Wettbewerber daraus Marktvorteile verschafft. In der Potenzialanalyse zeigen Sie diese Unterschiede übersichtlich auf und schaffen die Basis für Verbesserungsmöglichkeiten.

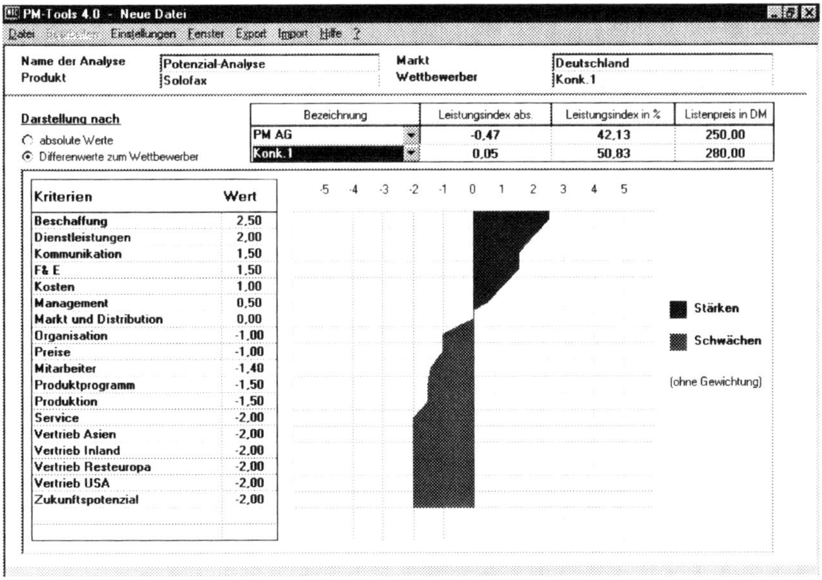

Bild 7.7 Die Potenzial-Analyse zeigt Stärken (oben) und Schwächen (unten) gegenüber Ihrem stärksten Wettbewerber auf (Hilfsmittel: PM-Tools, MSC Management Seminar Center GmbH, Sinsheim). Die Differenzen aus dem Stärken/Schwächen-Diagramm wurden übernommen und nach Wert sortiert.

7.6 Chancen/Gefahrenanalyse

Die Chancen/Gefahren-Analyse lässt sich auf Basis der Stärken/Schwächen-Analyse entwickeln. Auf der Schwächenseite werden die Gefahren, auf der Stärkenseite die Chancen abgeleitet.

Chancen/Gefahren-Analysen sind hilfreich, wenn es bspw. um die Entscheidung zu einem sehr großen Projekt geht, das langfristig finanzielle und personelle Ressourcen bindet, oder wenn in einem Zukunftsszenarium umfangreiche Einflussgrößen betrachtet werden müssen. In Verbindung mit einer Potenzial/ Ressourcen-Analyse lassen sich Entscheidungen für Programmerweiterungen vorbereiten.

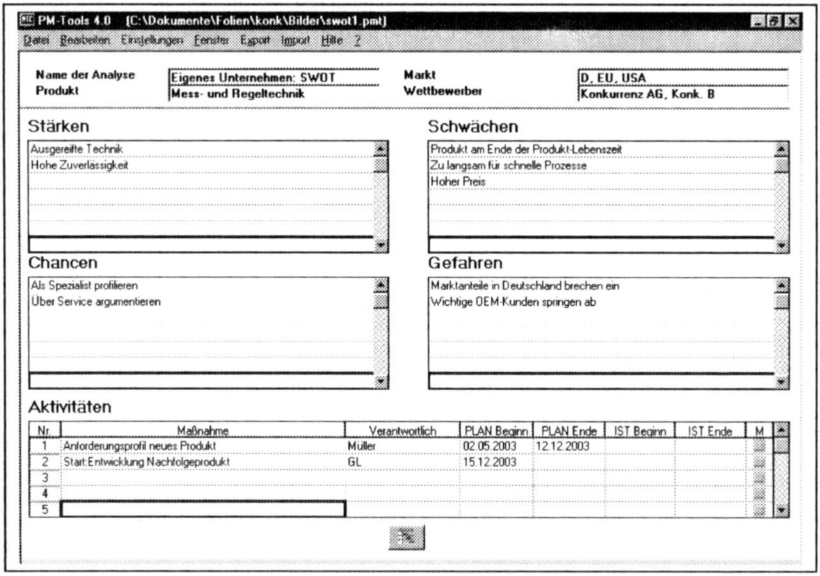

Bild 7.8 Die SWOT-Analyse hilft Ihnen aus den Stärken und Schwächen die adäquaten Chancen und Gefahren/Risiken und daraus den Handlungsbedarf abzuleiten.

Stärken/Schwächen-, SWOT-Analysen sowie Preis/Leistungs-Darstellungen lassen sich automatisch mit dem Programm PM-Tools der Firma MSC Management Seminar Center GmbH, Sinsheim erstellen (ebenso können Sie auf „Klick" Portfolio-Diagramme erzeugen). Die Software PM-Tools läuft unter

Microsoft Windows. Das Programm ist aus fix und fertigen Vorlagen aufgebaut, die Sie sofort nutzen können. Sie müssen sich nicht erst um das Layout kümmern, sondern konzentrieren sich voll und ganz auf Ihre Hauptaufgabe, den Inhalt. Sie analysieren Stärken und Schwächen von Produkten und Dienstleistungen, im Vergleich zum Wettbewerb und positionieren Ihre Produkte nach Preis und Leistung. Sobald Sie Ihre Daten eingegeben haben, wird automatisch das dazugehörige Diagramm erzeugt. Formatierungen sind nicht erforderlich. Sie können die Diagramme ausdrucken und für Ihre Präsentationen verwenden. Die Ableitung von Chancen, Risiken und Handlungsbedarf sichert Entscheidungen fundiert ab.

7.7 Produktlebenszyklus-Analyse

Der Lebenslauf eines Produkts läuft nach typischen Phasen ab:

- Einführungsphase
- Wachstumsphase
- Reifephase
- Marktsättigungsphase
- Marktrückgangsphase
- Elimination/Outphasing

Die Dauer eines Lebenszyklusses kann sehr unterschiedlich sein, z.B. im Maschinenbau 8 bis 12 Jahre, bei PKWs 6 Jahre, bei elektronischen Steuerungen ca. 4 Jahre oder bei Mobiltelefonen ca. 1 bis 2 Jahre. Der Lebenszyklus wird durch die Zeitdauer definiert, in der Sie Ihr Produkt verkaufen können, bis Sie in ein Redesign oder in die Entwicklung eines neuen Produkts investieren müssen.

Anhand des Lebeszyklusses können Sie grob erkennen, wann es für Ihren Wettbewerber Zeit ist, ein Nachfolgeprodukt auf den Markt zu bringen.

Schätzen Sie bei den Hauptumsatzträgern Ihrer Konkurrenz ein, in welcher Phase sich das jeweilige Produkt befindet. So erhalten Sie Hinweise darauf, wann Sie möglicherweise mit Nachfolgeprodukten rechnen müssen. Je nachdem in welcher Phase sich Ihre eigenen Produkte befinden, sollten Sie Ihre Aktivitäten darauf abstimmen.

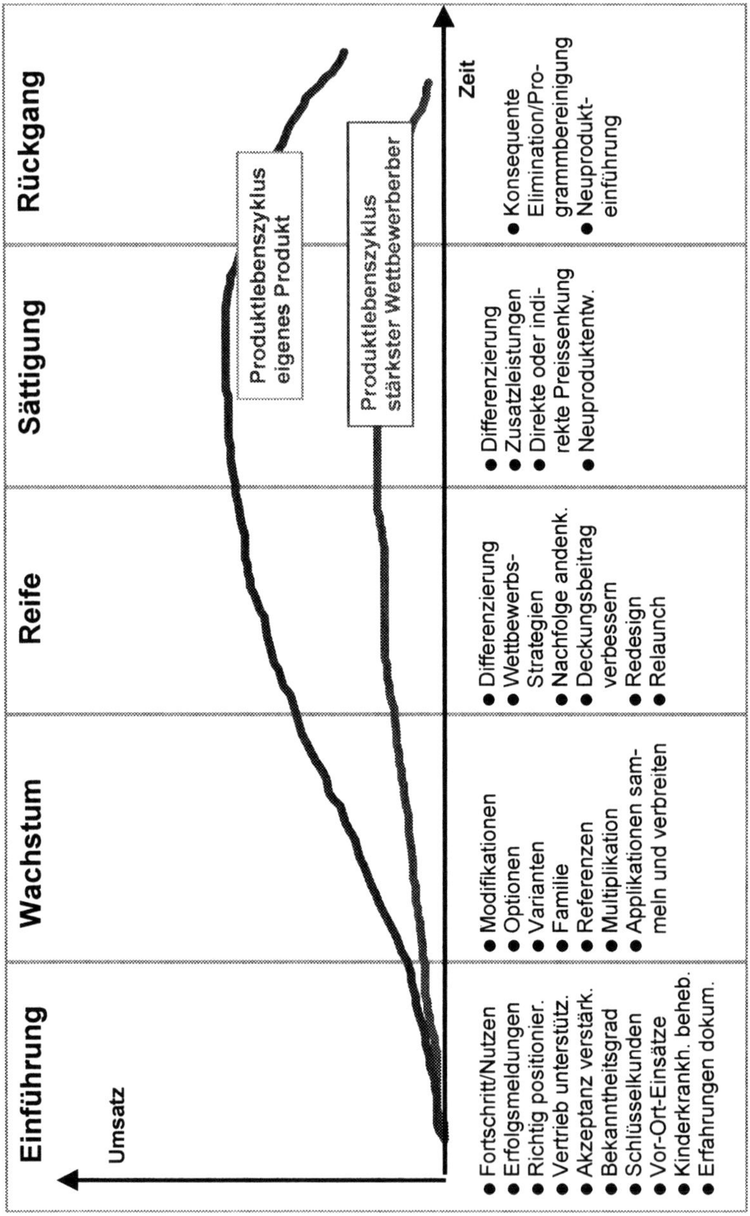

Bild 7.9 Produktpolitische Aktivitäten in den einzelnen Lebensphasen.

7.8 Portfolio- Methode

Die Portfolio-Methode ist ein modernes Denkschema der Konkurrenzanalyse und der Unternehmensführung. Ursprünglich wurde die Portfolio-Methode zur optimalen Zusammenstellung von Aktienpaketen entwickelt. Seit Mitte der 70er Jahre wird sie verstärkt in der Industrie zur Unterstützung von Entscheidungen über die optimale Verteilung von Ressourcen für Entwicklungs- und Marketingaktivitäten eingesetzt.

Portfolio-Analysen sind unentbehrliche Werkzeuge zur strategischen Planung. Die Portfolio-Methode sollte aber nie als alleinige Grundlage für strategische Entscheidungen eingesetzt werden. Erst die Kombination mit anderen Instrumenten, z.B. der Stärken-Schwächen-Analyse, bringt die erforderliche Sicherheit.

Für Anwendungen in der Investitionsgüterindustrie sind u. a. sinnvoll:

- Marktattraktivität/Wettbewerbsstärke-Portfolio
- Marktwachstum/Marktanteil-Portfolio (mit Einschränkung)
- Marktattraktivität/Entwicklungspotenzial-Portfolio
- Technologieattraktivität/Ressourcenstärke-Portfolio
- Technologiechancen/Marktchancen-Portfolio
- Technikposition /Marktposition-Portfolio
- Portfolio Kundenattraktivität/Lieferantenposition

Im Mittelpunkt der Betrachtung steht das Zusammenfügen von einzelnen Analysemerkmalen zu einem Ganzen, d.h. für Produkte des Gesamtunternehmens, einer strategischen Geschäftseinheit (SGE) oder seiner Produktgruppen. Die Einzeldaten für die Koordinaten stammen aus der Stärken/Schwächen-Analyse.

Man geht davon aus, dass die auf der X-Achse aufgetragenen Größen (z. B. Wettbewerbsstärke) vom eigenen Unternehmen beeinflussbar sind, während etwa die Marktattraktivität auf der Y-Achse gegebene Größen sind, die durch eigene Aktivitäten nicht oder kaum veränderbar sind.

Entwickeln der Marktwachstum/Marktanteil- Portfolio:

1. Legen Sie fest, welche Produkte, bzw. Produktgruppen betrachtet werden sollen. Um effizient zu arbeiten, entscheiden Sie sich nur für strategisch bedeutsame Produkte sowie Produkte mit einem entsprechend großen Umsatzvolumen. Das Gesamtumsatzvolumen der betrachteten Produkte sollte in der Summe etwa 60-70% des Gesamtunternehmens, bzw. einer SGE betragen.

2. Bestimmen Sie die Marktanteile der zu betrachtenden eigenen Produkte sowie der vergleichbaren Produkte der zwei stärksten Wettbewerber. Das eigene oder Wettbewerbsprodukt mit dem größten Marktanteil wird zu 100 % gesetzt. Alle anderen Produkte werden dann auf diese 100 % bezogen.

Es ist auch üblich, die absoluten Marktanteile aufzutragen (ohne Relativierung zum stärksten Produkt). Sie ersparen sich damit die Umrechnung zu relativen Größen.

3. Bestimmen Sie das Marktwachstum in der betrachteten Zielgruppe. Hilfreich sind hier Prognosen von Verbänden, Wirtschaftsinstituten, Marktforschungsinstituten und branchenbezogenen Statistiken.

4. Tragen Sie die Produkte als Kreise in das Diagramm Marktwachstum/ Marktanteil ein. Der Durchmesser des Kreises gibt die Umsatzgröße des Produkts wieder.

5. Entsprechend der einzelnen Felder können Sie die empfohlenen Strategien ablesen. Die Strategien setzen Sie in konkrete Produkt- und Marketingmaßnahmen um.

Ergänzen Sie das Ergebnis auf jeden Fall mit den Analysedaten anderer Instrumente!

Dog:

Dieses Produkt hat einen geringen Marktanteil und wird auf einem Markt mit geringem Wachstum verkauft. Ein typischer Vertreter dieser Gruppe ist ein Produkt, das sich im Produktlebenszyklus in der Rückgangsphase befindet.

Es ist angeraten, das Produkt aus dem Programm herauszunehmen.Investitionen für Produktverbesserungen oder zusätzliche Marketingaktivitäten sind unverhältnismäßig hoch.

Question Mark:

Produkte dieser Gruppe befinden sich auf einem Markt mit einem großen Wachstum, aber noch einem geringen Marktanteil. Entweder handelt es sich dabei um ein Produkt, das erst kurze Zeit verkauft wird oder, wenn es schon mehrere Jahre auf dem Markt ist, nicht voll akzeptiert wird. Besteht eine gute Aussicht für das Produkt, einen höheren Marktanteil zu erkämpfen, sollte investiert werden. Ansonsten ist zu hinterfragen, warum der Marktanteil so gering ist. Liegt es an den Produkteigenschaften? An fehlenden USPs? An einer unzureichenden Marktsegmentierung?

Star:

Stars sind Produkte mit hohem Marktanteil auf einem Markt mit einer hohen Wachstumsrate. Typische Vertreter sind neue innovative Produkte in der Wachstumsphase. Stars sind die Gewinnträger der Zukunft (als Cash cow). Obwohl der Profit aus diesen Produkten noch nicht sehr hoch ist, sollte investiert werden. Ergänzungen der Produktpalette sind sinnvoll. Weitere Anpassungen an neue Applikationen sowie weitere Optionen multiplizieren den Markterfolg. Die Marktposition sollte unbedingt gehalten oder sogar noch verbessert werden. Mit steigendem Marktanteil wird die Position gegenüber dem Wettbewerb zunehmend stärker. Die Marktführerschaft sollte angestrebt und ausgebaut werden.

Cash cow:

Produkte dieser Kategorie befinden sich auf einem nur schwach wachsenden oder sogar stagnierendem Markt. Diese Produkte sind häufig die Stars von gestern. Sie werfen Profit ab und schaffen die finanziellen Ressourcen für Neuentwicklungen. Cash cows sollten "gemolken" werden, d.h. möglichst keine Produktveränderungen mehr durchführen, aber den Marktanteil halten so gut es geht. Konzentrieren Sie sich auf die Entwicklung des Nachfolgeprodukts.

Die oben beschriebene Marktwachstum/Marktanteil-Portfolio ist nicht für jedes Unternehmen geeignet. Sollten Sie vergleichbare Produkte auf vergleichbaren Märkten finden, kann die o.g. Portfolio hilfreich sein. Bei Systemen und im Investitionsgüterbereich wenden Sie besser die Portfolio Marktattraktivität/ Wettbewerbsstärke an.

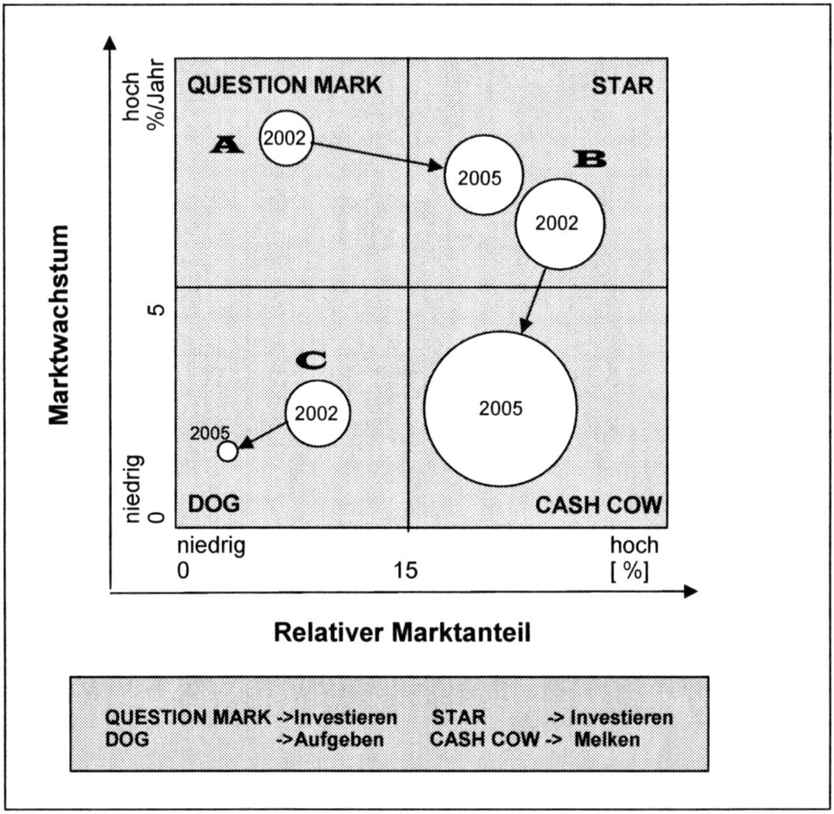

Bild 7.10
Beispiel für eine Marktwachstum/Marktanteil-Portfolio-Darstellung von drei Produkt-gruppen, A, B und C. Bei Produkt A handelt es sich um eine neue Maschine. Durch entsprechende Marktaktivitäten soll es innerhalb von 4 Jahren zum Star aufsteigen. Diese Zeitspanne wäre in der Computerindustrie oder Elektronik zu lang. Im Maschi-nenbau jedoch, mit mittleren Produktlebenszeiten von ca. 8 Jahren, wäre dies ak-zeptabel. Produkt B ist ein äußerst erfolgreiches Produkt, das "abgeschöpft" werden soll. Produkt C sollte nach weiterer Überprüfung eliminiert werden.

Entwickeln der Marktattraktivität/Wettbewerbsstärke- Portfolio

Diese Portfolio wird mit der gleichen Methodik wie die Marktwachstums/ Marktanteil-Portfolio aufgebaut. Die Kriterien für die Marktattraktivität und Wettbewerbsvorteile sind unternehmens-, produkt und marktspezifisch festzulegen. Es ist deshalb sehr sinnvoll, auf der Grundlage des Stärken-Schwächen-Profiles eine individuelle Kriterienliste aufzustellen. Während beim Marktwachstum nur das Wachstum in % berücksichtigt wird, zählen zur Marktattraktivität neben dem Wachstum z.B. auch Marktgröße, Markteintrittsbarrieren, geographische Lage, Infrastruktur, Investitionskraft usw. In den meisten Fällen ist die Marktattraktivität/Wettbewerbsstärke-Portfolio der Marktanteil/Marktwachstums-Portfolio vorzuziehen, da sie die Verhältnisse treffender beschreibt.

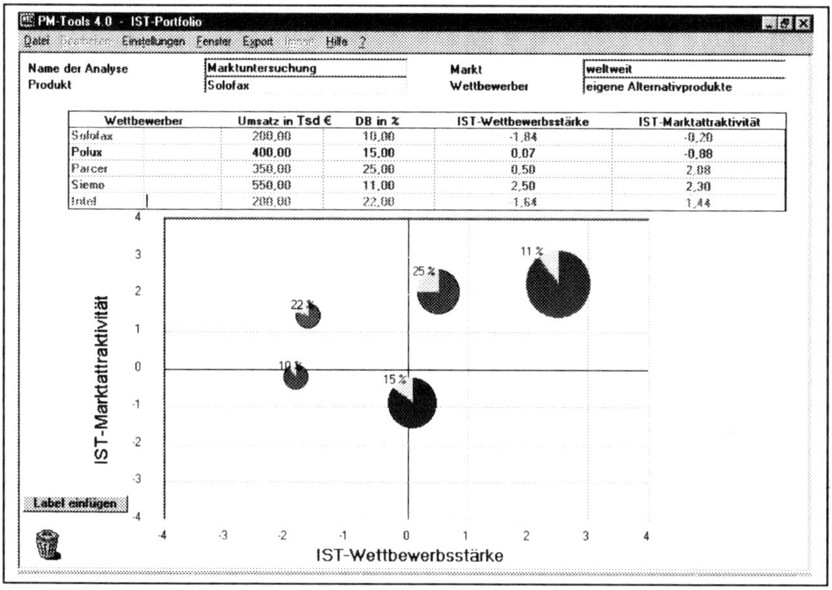

Bild 7.11 Beispiel: Marktattraktivität/Wettbewerbsstärke-Portfolio. Mit Hilfe von Stärken/Schwächen-Analysen der Marktattraktivität und der Wettbewerbsstärke wird die Position der einzelnen Produkte bestimmt ((Hilfsmittel: PM-Tools, MSC Management Seminar Center GmbH, Sinsheim).

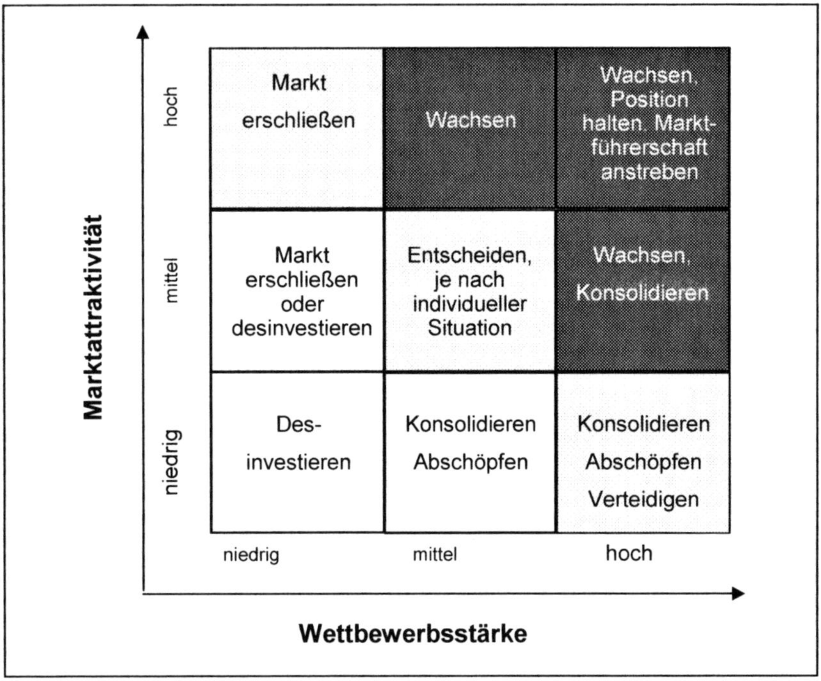

Bild 7.12 Normstrategien zu den Produkten in den Feldern der Marktattraktivität/ Wettbewerbsstärke-Portfolio

Erarbeiten von Wettbewerbsstrategien mit Hilfe der Portfolio- Technik

Mit Hilfe der Portfolio-Technik lassen sich Wettbewerbs- und Produkt- Marktstrategien erarbeiten. Auch hier ist es wichtig zur Ergänzung noch weitere Instrumente der Analyse einzubeziehen.

1. Legen Sie die zu betrachtende strategische Geschäftseinheit bzw. die Produktgruppe fest. Definieren Sie weiterhin, um welche Zielgruppe und welchen geographischen Markt es sich handelt (Inland, Europa?).

2. Definieren Sie die Kriterien für die Marktattraktivität und Wettbewerbsstärke. Bewerten Sie die eigenen und die strategischen Produkte des Wettbewerbs.

3. Entwickeln Sie aus der Bewertung die Ist- Portfolios.

4. Leiten Sie die Normstrategien ab.

5. Erstellen Sie Ziel-Portfolios für eigene Produkte. Wo sollen die Produkte in beispielsweise 3 Jahren auf dem Markt im Vergleich zum Wettbewerb stehen ?

6. Setzen Sie die Normstrategien in konkrete produkt- und marktbezogene Maßnahmen um. Halten Sie Marketing-Mix-Aktivitäten in einer Übersicht fest.

7. Erstellen Sie einen Zeit- und Kostenplan für die Durchführung.

8. Kontrollieren Sie den Erfolg der durchgeführten Maßnahmen an Hand der Ist- und Ziel-Portfolios. Schätzen Sie dabei auch die Entwicklung der Kon-kurrenz, deren Absichten und Ziele ein.

Für Technologie-Produkte kann es sinnvoll sein, neben den Markt- und Wettbewerbsbetrachtungen die Technologie-Attraktivität und die eigene Ressourcen-Stärke mit einzubeziehen. Aus der Synthese von Technologie-Portfolios mit Markt-Portfolios entstehen sehr treffende Gesamtbetrachtungen, die Chancen von Technologie und Markt widerspiegeln. Der Umgang mit diesen komplexen Gebilden erfordert Übung und methodische Unterstützung. Da man davon ausgehen kann, dass nicht jeder, der an betriebsinternen Produktplanungs-Besprechungen teilnimmt, mit diesen Instrumenten vertraut ist, sollte man sich im ersten Schritt auf die einfachen Portfolios beschränken.

PC-gestützte Tools

Zur automatischen Erstellung von Portfolio-Diagrammen empfiehlt der Autor das Programm **PM-Tools „Portfolio-Analyse"** der Firma MSC Management Seminar Center GmbH, Sinsheim. Auch Personen, die nicht täglich mit Graphik- oder Tabellenkalkulations-Programmen arbeiten, können mit dieser Software ohne Vorkenntnisse schnell und professionell Präsentationsvorlagen erstellen. In gespeicherte Formblätter werden die Daten eingegeben und darauf aufbauend wird automatisch das entsprechende Portfolio-Diagramm erzeugt. Zur Wahl stehen, neben selbstdefinierten Portfolio-Diagrammen, beispielsweise Wettbewerbsstärke/Marktattraktivität, Marktanteil/Marktwachstum sowie Technologieattraktivität/Ressourcenstärke. Formatierungen sind nicht erforderlich. Darüber hinaus können Sie die Kreise durch Kreissegmente ergänzen, durch die neben der Umsatzgröße (Durchmesser oder Fläche des Kreises) zusätzlich der Deckungsbeitrag aufgezeigt wird. Sie können die Diagramme sofort präsentationsreif ausdrucken oder in andere Dokumente einbinden. Dies spart Zeit und schafft einheitliche Vorlagen für überzeugende Präsentationen sowie rasche Entscheidungen. Wenn Sie aus Ihrer PM-Tools-Grafik nur einen Teil benötigen, exportieren Sie das Bild einfach nach Powerpoint. Dort können Sie jedes Element (Grafik und Schrift) einzeln verändern oder für eine Präsentation animieren.

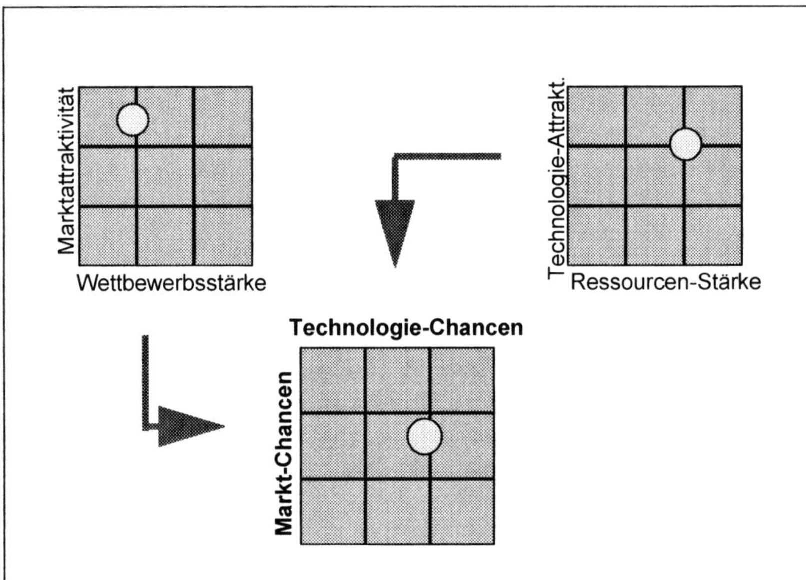

Bild 7.13 Technologie-Portfolio für F&E-Entscheidungen.
Beispiel: Aus den Betrachtungen des Marktes und des Wettbewerbs sowie der Einschätzung der Technologie-Attraktivität und der eigenen Ressourcenstärke lassen sich Technologie- und Markt-Chancen ableiten.

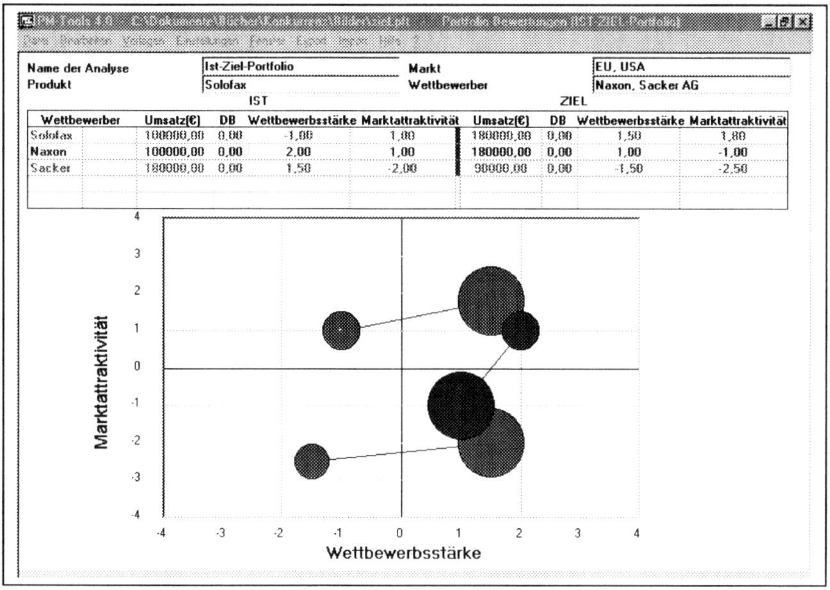

Bild 7.14 Beispiel : Anzeigen einer Portfolio-Analyse mit PM-Tools.

7.9 Netzdarstellung

Die Darstellung von Wettbewerbsvergleichen als Netz ist eine Variante des Stärken-Schwächen-Profils. Der Vorteil: die gesamte Fläche eines Netzes kann bestimmt werden und als Vergleichsgröße dienen.

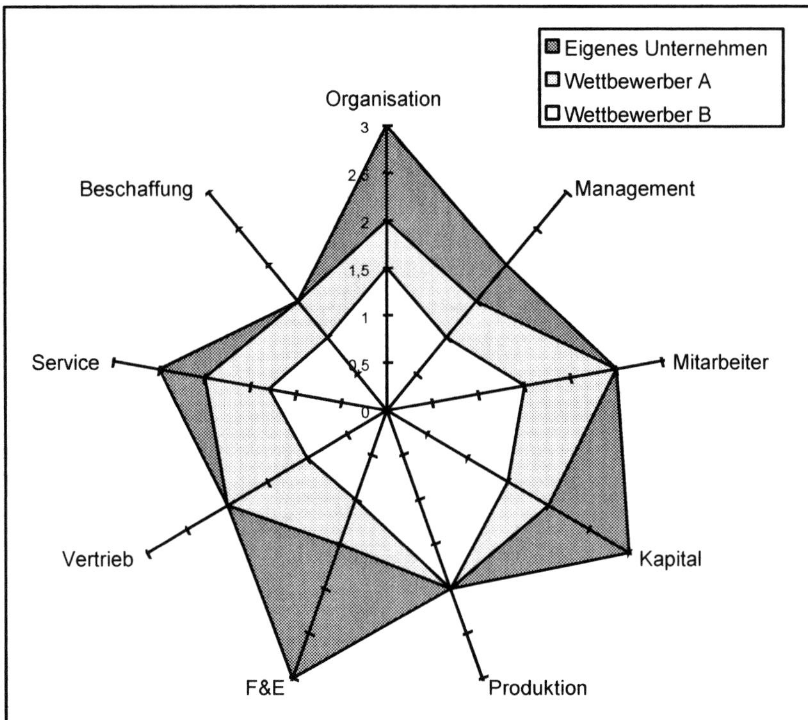

Bild 7.15 Arbeiten Sie Stärken und Schwächen Ihrer Wettbewerber in verschiedenen „Disziplinen" heraus. Falls Sie mehr als zwei Unternehmen vergleichen wollen, bietet sich die Netz-Darstellung zur optischen Präsentation an.

8. Fallbeispiel: Durchführung einer internationalen Wettbewerbsanalyse

In Kapitel 6 wurde Ihnen aufgezeigt, welche Informationsfelder Sie bezüglich einer Konkurrenzanalyse abdecken sollten. In diesem Kapitel werden Ihnen anhand eines fiktiven Beispiels die Arbeitstechnik und die einzelnen Kriterien im Detail erklärt.
Listen Sie zunächst die wichtigsten Wettbewerber auf und nehmen Sie anschließend eine Klassifizierung vor.

Ranking der Anbieter	**Marktanteile Deutschland**	**Klassifizierung**
1. Konkurrenz AG	25 %	Marktführer
2. Wettbewerber B	15 %	Angreifer
3. Eigenes Unternehmen	13 %	Segmentführer
4. Wettbewerber C	10 %	Verfolger
5. Sonstige	37 %	

Je kompletter Sie die nachstehenden Informationsfelder recherchieren, um so zielgerichteter können Sie Ihre Wettbewerbsstrategie aufbauen. Nehmen Sie eine qualitative Bewertung der einzelnen Stärkekomponenten zwischen den Werten -3 (sehr schwach) über 0 (durchschnittlich) bis + 3 (sehr stark) vor.

1. Unternehmen

1.1 Generelles	Konkurrenz AG
Sitz der Muttergesellschaft	Musterstr. 11 12345 Musterstadt
Töchter	Maier GmbH, Punktdorf 100 %, Produktion von Metallteilen, Schmidt GmbH, Kreisstadt, 51 %, Zulieferer für Kunststoffspritzteile
Rechtsform	Aktiengesellschaft
Mitarbeiter Anzahl, Entwicklung	ca. 500 (2001) 650 (1998) 400 (1993)
Umsatz und	120 Mio €

Umsatzentwicklung	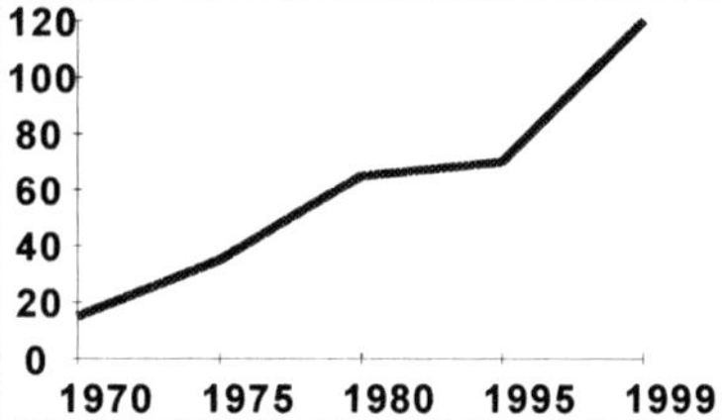
Spartenumsätze	Messumformer und Regler 90 Mio € Armaturen 30 Mio € Sensoren 10 Mio €
Eigentumsverhältnisse	Aktionär : Dr. A. Schmittchen 51 % Dr. B. Schleicher 26 % Mitarbeiter und andere 23 %
Gründungsjahr	1967
Standortbewertung	Anbindung an AB-Kreuz Musterstadt Großstadtnähe
Unternehmenskultur	Hohe Kundenorientierung, Kooperativer Führungsstil, Flexibel, Schnell
Mitarbeiterorientierung	Stark ausgeprägt Vorzugsaktien für Belegschaft kostenloser Betriebskindergarten
Lohnniveau	angeglichen an IG-Metall-Tarifvertrag, Viele AT-Angestellte
Kernkompetenzen	Entwickeln, Fertigen und Vertrieb von Mess- und Regelgeräten, Elektronikfertigung

Bewertung Kernfähigkeiten ______________________________
Stärken __________ *Flexibel, markt- und mitarbeiterorientiertes Unternehmen*
Schwächen ______________________________ *nicht bekannt*

1.2 Organisationsstruktur	
Aufbauorganisation, Organigramm	gemäß Anlage 1
Konzernzugehörigkeit	nein
Verflechtungen	Nur über zwei Tochtergesellschaften
Geschäftsbereiche	• Messumformer und Regler • Armaturen • Sensoren
Kooperationen	Vertrieb USA : Smith Inc., Ft. Mill, SC
Beteiligungen	Tochtergesellschaften

Bewertung Organisatorische Stärke | 1 |

Stärken ____ *direkter Zugriff auf Metallteile- und Kunststoffteileproduktion über Tochterunternehmen*

Schwächen ____ *keine internationalen Verflechtungen*

1.3 Management	
Manager-Persönlichkeiten	Vorstandsvorsitzender Bernd Schuster Vorstand Vertrieb/Marketing Michaela May
Führungskultur	Kooperativer Führungsstil Zielvereinbarungen

Bewertung Management-Stärken | 2,5 |

Ziele ____ *Aufbau einer Nachfolgegeneration für den Vorstand*

Strategien ____ *"Be No. 1 : Only the best has best chances"*

1.4 Mitarbeiter	
Qualifikation	Hoher Ausbildungsgrad ca. 50 % mit akademischem Abschluss
Motivation	Sehr hoch, Vorzugsaktien für Belegschaft Ergebnisorientierte Prämien

Bewertung Mitarbeiter-Stärke | 2,5 |

Stärken ____ *Motivation*

Schwächen ____

1.5 Kostenstruktur	
Bilanz, GuV-Rechnung, Cash-Flow	In 1999 16,8 Mio €
Umsatzrendite	ca. 14 %
Kreditwürdigkeit	Einschätzung Creditreform 420 von 500 Punkten
Investitionen	Neue Produktionsstätte im Bau (ca. 22 Mio € Investitionsvolumen)
Eigenkapitalquote	> 60 %

Bewertung Kapitalstärke | 2,5 |

Stärken ____

Schwächen ____

1.6 Produktion	
Produktionsstätten	Musterstadt, Punktdorf und Töchter (s.o.)
Ausstattung und Modernisierungsgrad	CIM, automatische SMD-Bestückung
Anzahl der Mitarbeiter	285
Fertigungstiefe	mittel
Produktionsverfahren	Zellenfertigung mit Losgröße 1
Fertigungszeiten	unter 3 Tagen
Produktions-Know-how	+++

Bewertung Produktionsstärke 1

Stärken ________________________________ *modern und flexibel*

Schwächen ________________________________

1.7 Forschungs und Entwicklung	
Ausstattungsgrad	hochmodern, CAD u.a.
Anzahl der Mitarbeiter	40
Time-to-Market	1,5 bis 2,5 Jahre
Forschungs- und Entwicklungsaufwand	8 % vom Umsatz
Teilnahme an Innovationsförderprojekten	regelmäßig
F&E-Know-how	++
Patente	siehe Anlage 2

Bewertung F&E-stärke 0,5

Stärken ________________________________ *F&E-Know-how in Sensorik*

Schwächen __________ *Time-to-Market über Branchendurchschnitt (15 Monate*)

1.8 Vertrieb/Marketing	
Einschätzung des Vertriebs	Stark kundenorientiert, viele Mitarbeiter mit Ingenieursstudium
Werbeausgaben	ca. 3,2 Mio € / a.
Marktforschung	eigene Abteilung mit 3 Mitarbeitern
Marketing, Produkt Management	Produkt Management
Internationalisierung	Vertrieb Europa direkt über Musterstadt

	Vertrieb USA : Smith Inc.
Anzahl Vertriebsmitarbeiter	Innendienst 12 , Außendienst : 18, KAM: 4
Inlandstöchter, Vertretungen	2
Auslandstöchter, Vertretungen	--
Vertriebswege	vorwiegend direkt

Bewertung Vertriebs-Stärke	Inland	2
	Rest-Europa	-1
	Asien	-2
	USA	0,5

Stärken ______________________ *Vertrieb Inland und Produkt Management*

Schwächen _____*Keine Globalisierung, Europa-und Auslandsvertrieb schwach*

1.9 Service	
Art	Eigener Service
Anzahl der Mitarbeiter	5
International	Service USA über Smith Inc.

Bewertung Servicestärke | -1 |

Stärken ____

Schwächen ________________________________ *Kein internationaler Service*

1.10 Beschaffung	
Globalisierung	ja, jeweils Lieferanten mit günstigstem Preis-/ Leistungsverhältnis
Hauptlieferanten	Singapore Electronic Pty.Ltd. Sumo Corp. Japan

Bewertung Beschaffungsstärke | 2 |

Stärken ____ *Globalisiert*

Schwächen ____

2. Produktprogramm, Produkte und Technik

Übersicht über Programm und Produkte	Siehe beigefügte Kataloge, Anlage 3
Hauptumsatzträger, A- und strategische Produkte	siehe Anlage 4

Erfüllungsgrad der KBFs	siehe beigef. Stärken/Schwächen-Analyse, Anl.5
Material-/Herstellkosten	siehe beigef. Tabelle, Anl. 6
Produktqualität	+++
Verfügbare Technologien	++
Patente / Schutzrechte	siehe Anlage 7

Bewertung des Produktprogramms **0,5**

Stärken ________________ *Komplettes Programm*

Schwächen ________________ *Teilweise veraltet*

3. Dienstleistungen

Beratung	über Vertriebsingenieure
Engineering	
Lieferzeit	1 Woche Standard, 2 Wochen Sonderartikel
Dokumentationen	mittelmäßig, zum Teil veraltet
Gewährleistungszeit	1 Jahr !

Bewertung Dienstleistungsstärke **+0,5**

Stärken ________________

Schwächen ________________

4. Preise und Preisverhalten

Preis-Niveau	sehr hoch
Preisverhalten	flexibel
Rabattgefüge	0 % Endkunde, 30 % OEM, max. 55 %
Position im Preis-Leistungsdiagramm	siehe Anlage 8
Deckungsbeiträge	gut

Bewertung der Preisstärke **-1**

Stärken ________________ *gute Deckungbeiträge*

Schwächen ________________ *Im High-End-Bereich zu teuer*

5. Marktposition und Distribution

Auslandsaktivitäten, Länderschwerpunkte	nur Schweiz und Österreich, sonst sehr schwach vertreten
Internationalisierungsgrad	schwach
Zielgruppen und Kunden	Endkunden ca. 50 % OEM ca. 10 % Anlagenbauer ca. 35 % Handel ca. 5 %
Branchenschwerpunkte	Chemische Industrie, Pharmazie, Papierverarbeitung, Lebensmitteltechnik
Marktsegmente	
Marktanteile	D: ca. 25 %, Rest-EU: 3 % Asien: < 1 %, USA: 6 %
Wichtige Schlüsselkunden	Bayer, Hoechst, BASF, Lurgi
Bekanntheitsgrad	hoch in D, gering im Ausland
Grad der Marktorientierung	hoch
Auftritt, Image	konservativ

Bewertung der Marktposition | +0,5 |

Stärken ______ *Marktposition in Deutschland*

Schwächen ______ *Fehlende Globalisierung*

6. Kommunikation

Einschätzung der Prospekte	Nutzen- und Anwenderorientiert, gut bis sehr gut
Messeauftritt	Professioneller Stand
Werbung	Wenig Anzeigenwerbung
Verkaufsförderung	Gut
Öffentlichkeitsarbeit	Sehr gut

Bewertung Kommunikationsstärke | +1,5 |

Stärken ______

Schwächen ______

7. Übergeordnete Ziele und Strategien

Unternehmensstrategie	Marktanteil in 3 Jahren in D: 30 %
Produktionsstrategie	Mittlere Fertigungstiefe, Konzentration Breitenstrategie: High-End, Top-Qualität
Marktstrategie	Fokussierung auf Kernbranchen
Entwicklungsstrategie	nicht erkennbar
Produktstrategie	Jedem Kunden „seinen Knopf“
Zukunftspläne	Globalisierung und Partner im Vertrieb
Investitions- und Rationalisierungsvorhaben	Neue Fertigungsstätte
Visionen	No. 1 bleiben

Bewertung Zukunftspotenzial **+0,5**

Stärken ______________________________ *Produktion*

Schwächen __________ *Produktionsauslastung, alles hängt vom Gelingen der Globalisierung ab*

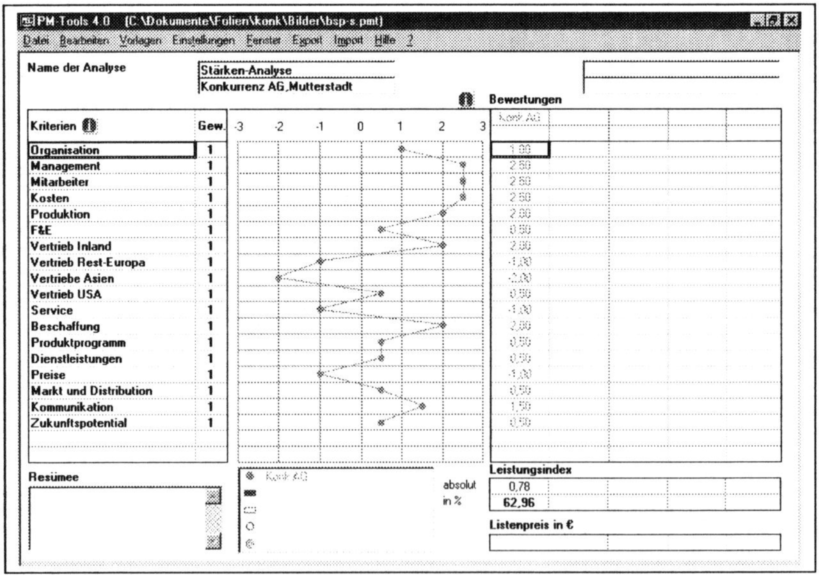

Bild 8.1. Stärken/Schwächen-Profil der Konkurrenz AG, Musterstadt

	Deutschl.	Rest-EU	USA	Asien
Konkurrenz AG	25 %	3 %	6 %	< 1 %
Wettbew. B	15 %	10 %	3 %	< 1 %
Eigenes Unt.	13 %	10 %	10 %	5 %
...				

Bild 8.2 Matrix Marktanteile im Ländervergleich

	Meß- und Regeltechnik	Armaturen	Sensoren
Konkurrenz AG	++	++	0 ... +
Wettbew. B	++	0	0
Eigenes Unt.	+	++	+++
...			

Bild 8.3 Vergleichbare Produkte der Konkurrenzunternehmen

	Wasser/ Abwasser	Chemie	Pharmazie
Konkurrenz AG	++	++	0 ... +
Wettbew. B	+	0	+
Eigenes Unt.	+	++	+
...			

Bild 8.4 Matrix Konkurrenzunternehmen im Branchenvergleich

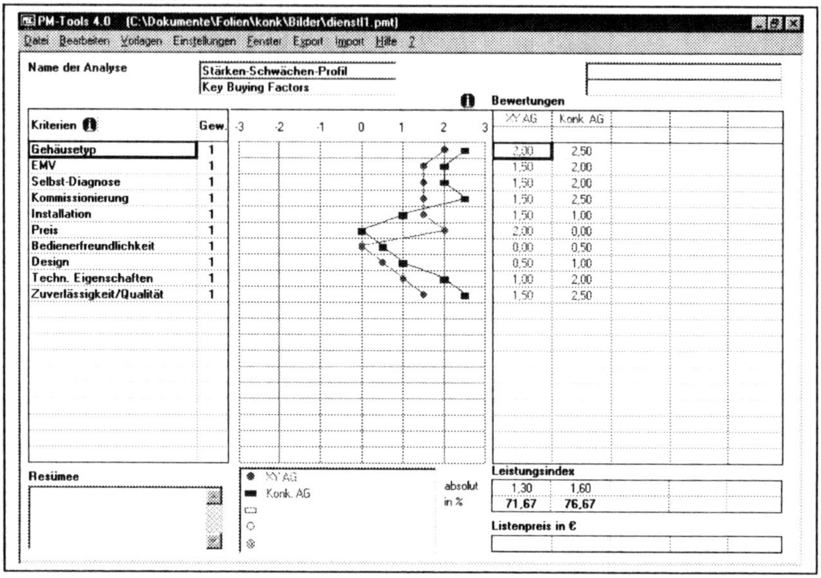

Bild 8.5 Stärken/Schwächen-Analyse des eigenen Produkts und des Produkts der Konkurrenz AG, Erfüllung der Key-Buying-Factors (KBF, Kauufentscheidende Kriterien)

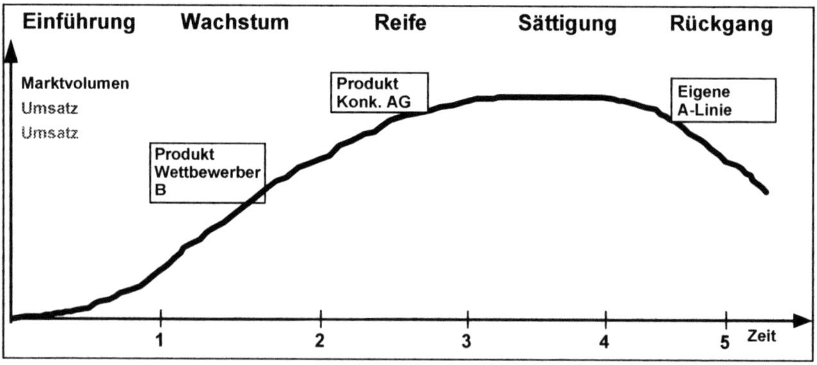

Bild 8.6 Konkurrenzprodukte, Position im Produklebenszyklus. Aus der Position im Lebenszyklus lässt sich ungefähr abschätzen, wann eine Neuentwicklung oder ein Redesign fällig ist.

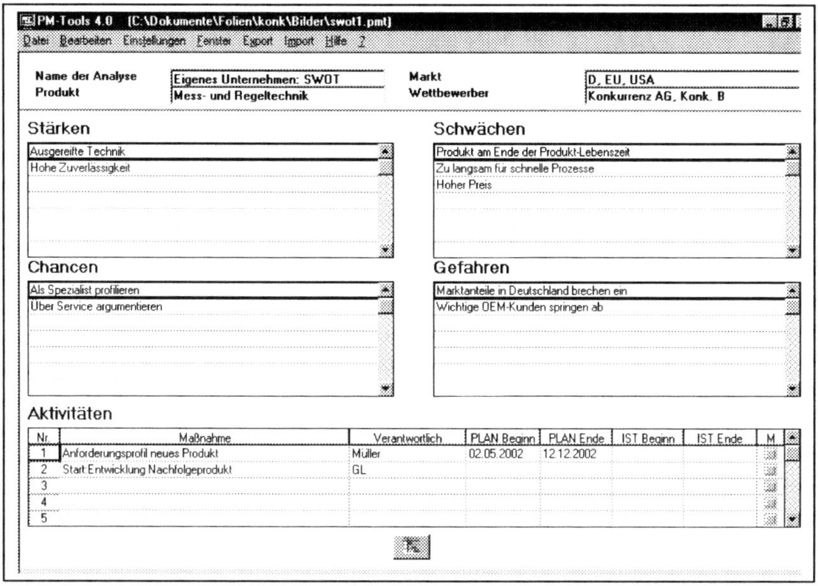

Bild 8.7 SWOT-Matching

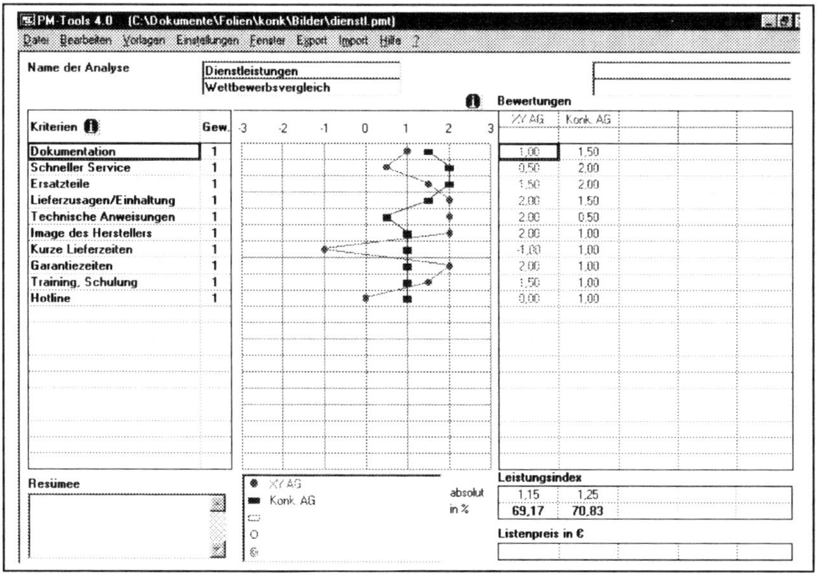

Bild 8.8 Stärken/Schwächen-Diagramm Dienstleistungen

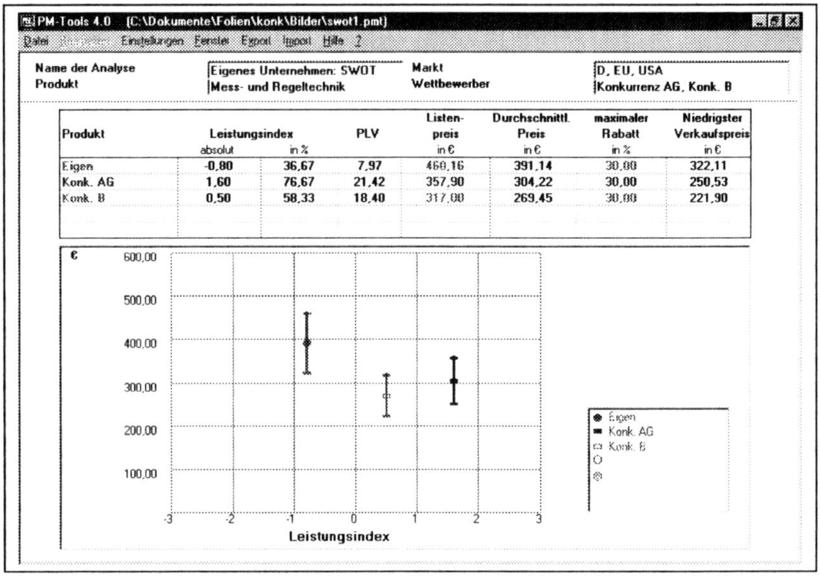

Bild 8.9 Preis/Leistungs-Diagramm

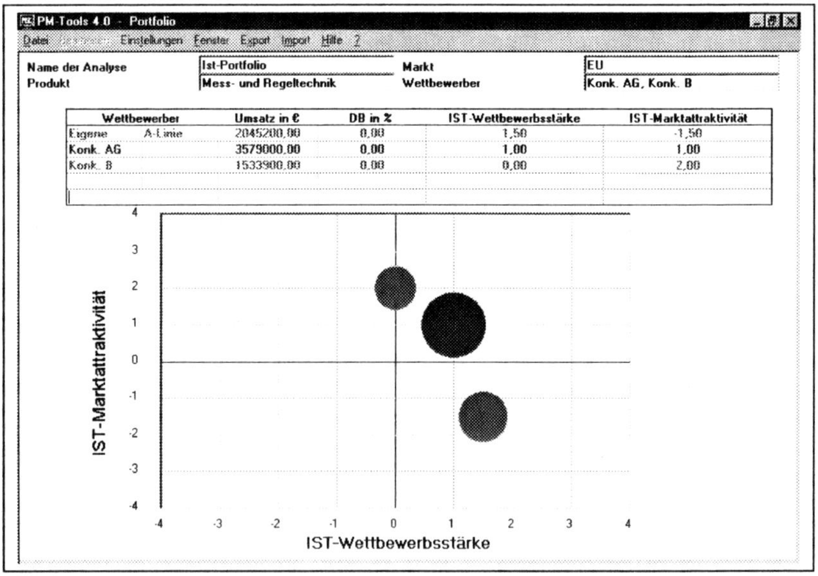

Bild 8.10. Portfolio-Analyse (Marktattraktivität / Wettbewerbsstärke)

9. Organisatorische Voraussetzungen

Weniger ist mehr: Die meisten Unternehmen ertrinken in Daten. Trotzdem haben viele Fach- und Führungskräfte das Gefühl, zu wenig über die Kon-kurrenz zu wissen. Viele Organisationen sind so strukturiert, dass die Weiter-gabe von strategisch bedeutsamen Informationen verhindert wird. Statt dessen nimmt die Sammlung von z.T. wenig relevanten taktischen Informationen zu. Das Top-Management entscheidet aufgrund von Außeneinflüssen situativ oder aufgrund von subjektiven Eindrücken aus dem Bauch heraus und nicht an Hand von „hard facts". Im internationalen Vergleich gibt es Unterschiede: In manchen deutschen Unternehmen fließen Informationen selten horizontal und vertikal. Informationen werden oft bewusst zurückgehalten. Informationen fließen zum Top-Management rauf aber selten hinunter. Anders bei asiatischen Unternehmen. Hier findet man häufig einen maximalen Fluss an **strategisch relevanten** Informationen.

Konkurrenzinformationen dürfen nicht nur taktischer Natur sein, sondern müssen strategische Erfolgsfaktoren und Ziele des Unternehmens unterstützen.

Das Konkurrenzanalyse-System funktioniert nur dann, wenn die Daten in einer gut gepflegten Datenbank erfasst und ständig aktualisiert werden. Die Datenbankpflege erfordert Ressourcen. An diesem Punkt scheitern viele Konkurrenz-Informations-Systeme. Man möchte die Konkurrenz schärfer überwachen, dieses aber zum Nulltarif. Mitarbeiter werden angehalten neben ihren tagesgeschäftlichen Aufgaben sich um die Wettbewerbsdatenbank zu kümmern. Das funktioniert in der Regel nicht. Übertragen Sie sinnvollerweise die Pflege der Datenbank auf einen Verantwortlichen. Dies kann je nach Größe des Unternehmens ein Mitarbeiter aus der Abteilung Konkurrenzforschung, Marktforschung, Produkt Management, Vertrieb oder Marketing sein. Legen Sie aber auch fest, wer zum Nutzerkreis von Wettbewerbsdaten zählt und wer in welcher Form informiert werden soll.

Bestimmen Sie den verantwortlichen „Konkurrenzdaten-Manager" für die Datenbeschaffung, Datenbankpflege und das Reporting.

Bild 9.1 Ein professionelles Konkurrenz-Informations-System erfordert einen Verantwortlichen für die Datenbeschaffung, Datenbankpflege und das Reporting.

Konkurrenzinformationen müssen aus der Datenbank schnell und je nach Verwendungszweck grafisch aufbereitet abzurufen sein. Dies erspart ein übermäßiges Reporting. Der **Konkurrenzdaten-Manager** sollte aktuelle Informationen auswerten und an betreffende Stellen weiterleiten. Es ist sinnvoll, Reports und Sitzungen festzulegen, die Wettbewerbsinformationen berücksichtigen.

Beispiele für die Verbreitung von Konkurrenzinformationen im Unternehmen:

- Strategischer Jahresbericht
- Monatliche Bericht: Konkurrenz-News
- Sonderbericht mit hoher Dringlichkeit
- Abruf aus der Konkurrenz-Datenbank
- Arbeitsgruppen zu konkreten, konkurrenzrelevanten Themen
- Wöchentliches Briefing des Top-Managements
- Electronic Mail
- Management-Sitzungen
- „Schwarzes Brett" im Intranet

Die Verantwortung für **produktbezogene** Konkurrenzinformationen sollte bei den zuständigen **Produkt Managern** liegen.

Der Produkt Manager ist für die optimale Koordination aller produktbezogenen Maßnahmen innerhalb und außerhalb des Unternehmens verantwortlich. Dies umfasst alle existierenden und zukünftigen Produkte seines Verantwortungsbereichs. Er verbessert den Informationsfluss, die Kommunikation und die Kooperation zwischen den einzelnen Stellen des Unternehmens und des Marktes. Im Mittelpunkt steht die Frage : „Was muss ich tun, damit aus meinen Produkten Umsatz- und Gewinnträger werden?“

Zu seinen Aufgaben gehört die permanente Wettbewerbsbeobachtung für „seine“ Konkurrenten. Er erstellt und präsentiert Wettbewerbsvergleiche. Er ist die Sammelstelle und Info-Zentrale für internationale Produkt-, Markt- und Wettbewerbsinformationen.

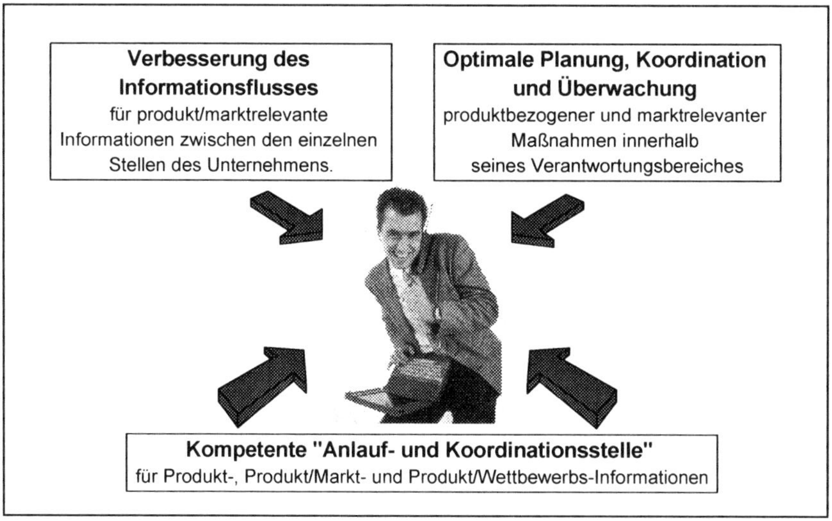

Bild 9.2 Generelle Aufgaben des Produkt Managers

Ein professionell arbeitendes Produkt Management ist die Chance, Wettbewerbsinformationen in Produktvorteile umzusetzen.

Zum Markterfolg braucht man stets eine Strategie, also eine wohlüberlegte Methode. Das Wort „Strategie“ hat eine interessante Herkunft: Es kommt von „Strategia“ und bedeutet „Feldherrenkunst“ - zusammengesetzt aus „Stratos“ (Heer) und „agein“ (führen).

Strategie bedeutet also ursprünglich: Die Art und Weise, wie ein Führer seine Intelligenz, seine Fähigkeiten und all seine Mittel einsetzt, ein Heer zu führen, um zu siegen - oder, auf das heutige Wirtschaftsleben übertragen, um mit einer stark motivierten Mannschaft sich Wettbewerbsvorteile zu verschaffen und die Konkurrenz aus dem Feld zu schlagen.

Erstellen Sie gegebenenfalls eine Aufgaben-Matrix zur Konkurrenzanalyse. Wer ist für welche Aufgaben zuständig / verantwortlich (v), wer sollte zuarbeiten (z), wer sollte informiert (i) werden?

10. Wie Sie eine Wettbewerbsdatenbank aufbauen

10.1 Die optimale Archivierung

Sie haben Ihre Konkurrenten identifiziert, klassifiziert und sich entschieden, wen Sie wie intensiv beobachten werden. Sie haben die Informationsfelder definiert, d. h. welche Art von Konkurrenzinformationen für Ihr Unternehmen relevant sind, und Sie haben sinnvolle Quellen festgelegt.

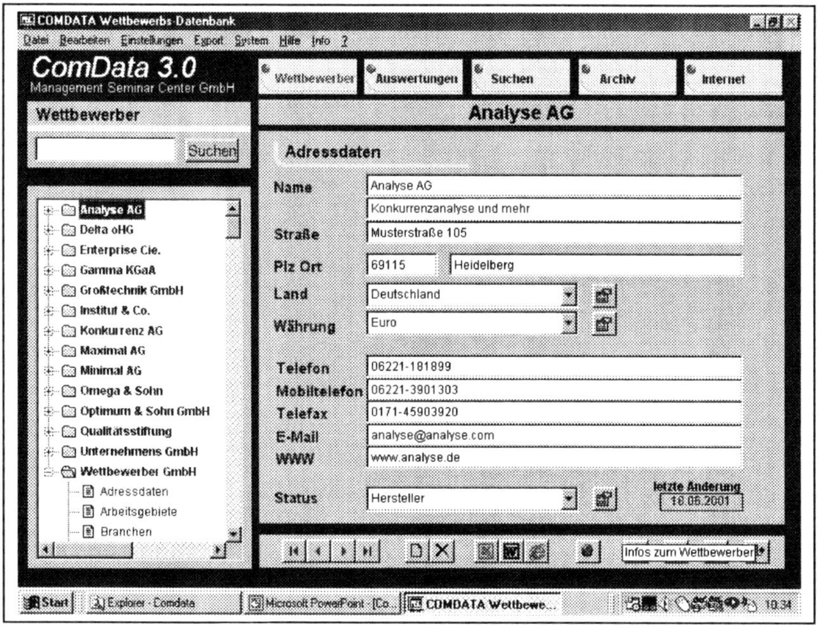

Bild 10.1 Beispiel Datenbank ComData. Wer sind unsere Wettbewerber? In der Liste erfassen Sie alle Wettbewerber. Nach Anklicken des Wettbewerbers erhalten Sie wichtige Basisinformationen zum Unternehmen.

Jetzt benötigen Sie ein geeignetes Werkzeug, das Ihnen eine übersichtliche Archivierung und einen raschen Zugriff auf Daten ermöglicht.

Leider befinden sich die durch Wettbewerbsbeobachtung gewonnenen Daten oftmals verstreut in verschiedenen Abteilungen. Somit ist es schwer und umständlich, sich einen raschen Überblick über die gegebenen Wettbewerbsverhältnisse zu machen und ihre Auswirkungen auf das Unternehmen aufzuzeigen. Eine auf Ihre Bedürfnisse zugeschnittene Datenbank kann hier Abhilfe leisten. Daten werden zentral erfasst und dezentral zur Verfügung gestellt. Entscheiden Sie auch, ob Sie nur Informationen erfassen wollen oder ob Sie auch Erzeugnisse, Baugruppen und Muster des Wettbewerbs sammeln und untersuchen wollen. Folgende Möglichkeiten können Sie nutzen:

1. Schrank-Archivierung: „Papierablage
2. Schrank-Archivierung und Stichwortverzeichnis im PC
3. Elektronische Wettbewerbsdatenbank

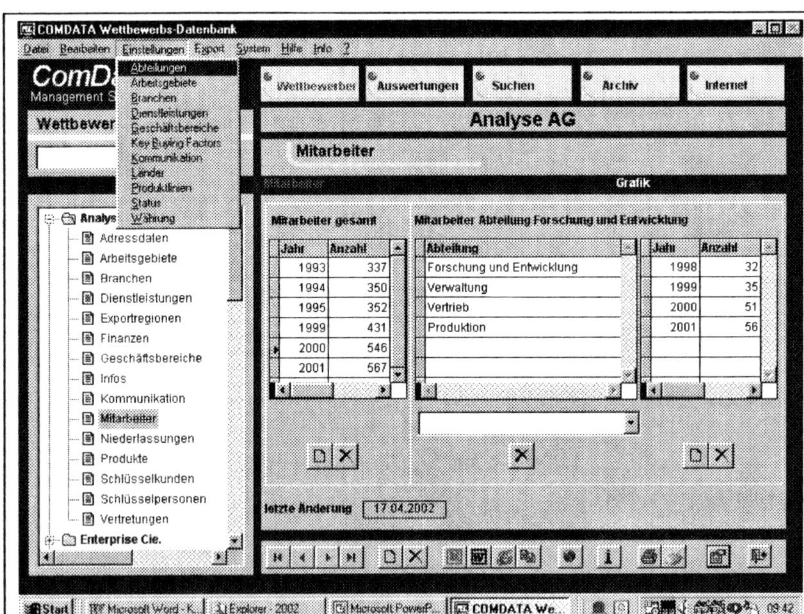

Bild 10.2 Beispiel Datenbank ComData: Wie hat sich die Mitarbeiterzahl über die Jahre entwickelt? Welche Geschäftsbereiche gibt es? Wieviele Mitarbeiter sind in dem Geschäftsbereich oder der Abteilung tätig ?

1. Schrank-Archivierung: „Papierablage“

Die Ablage von Konkurrenzunterlagen in Hängeordnern ist das bislang am weitesten verbreitete Verfahren. Die Unterlagen werden z. B. nach Name der Wettbewerber oder/und geordnet nach Themen abgelegt. Um lästiges Rätseln zu vermeiden, von wann die Unterlage stammt und ob die Daten noch gültig sind, sollten Sie jeden Prospekt, jede Preisliste usw. mit Datum und Quelle versehen. Entweder beschriften Sie direkt mit Filzstift oder Sie verwenden einen Aufkleber.

Die Ablage im Schrank hat den Vorteil, dass Unterlagen mit geringem Aufwand archiviert werden können und z.B. über die Referenz „Firmenname“ rasch zugegriffen werden kann. Problematisch wird es allerdings, wenn große Datenbestände vorliegen und wenn Detailinformationen benötigt werden.

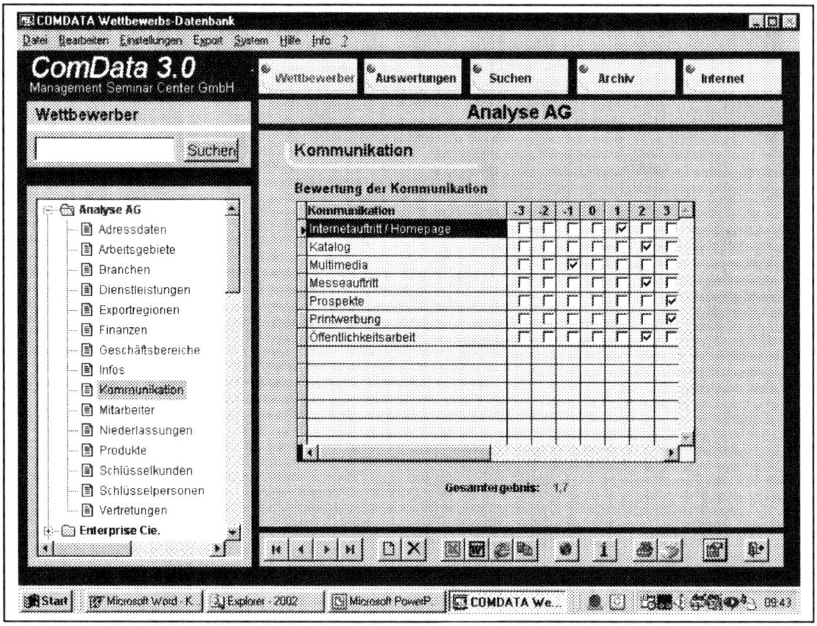

Bild 10.3 Beispiel Datenbank ComData: Wir professionell ist der Marktauftritt des Wettbewerbers, z.B. auf der Messe oder im Internet ? Bewerten Sie den Marktauftritt nach vorgegebenen oder selbst definierten Kriterien. Erkennen Sie Stärken und Schwächen. Der i-Button nimmt Anmerkungen beliebiger Länge auf.

Der Schrank zeigt auch seine Grenzen, wenn mehrere Abteilungen, wie Entwicklung, Unternehmensführung, Produkt Marketing und Vertrieb die gleichen Informationen nutzen wollen. Weitere Nachteile: Die Informationen liegen unstrukturiert und nicht verdichtet vor, und die Suche nach Begriffen und Produkten ohne Firmenreferenz ist umständlich.

2. Schrank-Archivierung und Stichwortverzeichnis im PC

Eine bessere Übersicht und einen gezielteren Zugriff erreichen Sie, wenn Sie ein Suchwortverzeichnis in einer Tabellenkalkulation z.B. MS-Excel oder einer kleinen Datenbank anlegen und sämtliche Konkurrenzinformationen durchnumerieren und hier erfassen. Sie können die Unterlagen an unterschiedlichen Orten lagern, trotzdem mit einer zentralen Liste für einen schnellen Zugriff sorgen.

Jedes Dokument erhält einen Aufkleber, der neben Datum und Quelle Zusatzinformationen über den Archivierungsort und klassifizierende Merkmale enthält, die im Stichwortverzeichnis abgerufen werden können. Der Aufwand für die Archivierung ist in diesem Fall etwas größer als bei der alleinigen „Hängeordner-Ablage", der Zugriff ist aber gezielter möglich (z.B. auch nach Produktklassifikation) und schneller. Die Abfrage nach einem Stichwortverzeichnis kann, z.B. für einen bestimmten Konkurrenten aufzeigen, welche Informationen mit welcher Aktualität vorliegen: Geschäftsbericht, Katalog, Preisliste, Angebot, Prospekt, Bedienungsanleitung, Muster.

3. Elektronische Wettbewerbsdatenbank

Bei dieser Form der Ablage erfassen Sie ausgewählte Unternehmens- und Produktdaten in einer separaten elektronischen Datenbank. Der Vorteil: Häufig genutzte Informationen, wie etwa Preise, technische Daten, Abbildungen, Stärken und Schwächen sowie Argumente können einer breiten Anzahl von Nutzern zur Verfügung gestellt werden, z.B. Produkt Manager, Entwickler, Außendienst, Vertriebsinnendienst, verschiedene Niederlassungen und Vertretungen im In- und Ausland. Die Daten können als Vergleich, Ranking oder in graphisch aufbereiteter Form abgerufen werden. Damit steht den Nutzern fundiertes Wettbewerbs-Know-how zur Verfügung.

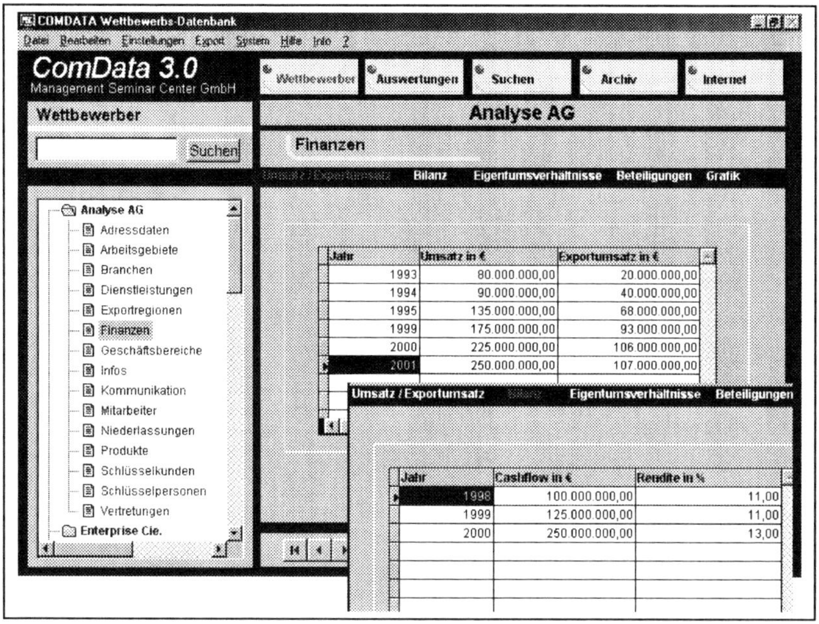

Bild 10.4 Beispiel Datenbank ComData: Wie ist die wirtschaftliche Situation des Konkurrenzunternehmens? Schauen Sie sich die Umsatzentwicklung in einer Grafik an. Informieren Sie sich über Bilanzdaten, z.B. Cash-flow, Umsatzrendite, Eigentumsverhältnisse.

Das Beispiel auf den vorangegangenen und folgenden Seiten zeigt die Wettbewerbsdatenbank ComData (MSC Management Seminar Center GmbH, Sinsheim). ComData ist eine professionelle Wettbewerbsdatenbank, mit der Sie systematisch wichtige Wettbewerbsdaten erfassen, archivieren, verarbeiten und als Report ausgeben können. Egal um welche Daten es sich handelt, betriebswirtschaftliche oder technische, Produktinformationen, Preise, Winword-Messeberichte, Excel-Tabellen, eingescannte Fotos oder Prospekte, Kataloge als PDF-Datei, Stärken- Schwächen-Analysen, **Webseiten aus dem Internet**, Sie können sämtliche Informationen übersichtlich ablegen und jederzeit blitz-schnell darauf zurückgreifen.

Zusätzlich können Sie Auswertungen durchführen, z.B. „Liste mir alle Wettbewerbsprodukte und Preise einer bestimmten Produktgruppe auf. Oder Sie drucken Übersichten, Listen und Grafiken aus.

Legen Sie sich ein Verzeichnis der Webseiten Ihrer Konkurrrenten, nützliche Portale, Suchmaschinen oder andere Webadressen an. Starten sie per klick direkt ins Internet. Laden sie Prospekte oder Kataloge des Wettbewerbers von seiner Homepage und archivieren sie diese in Comdata. Damit sparen sie Internetkosten und haben jederzeit einen Zugriff darauf, auch von Arbeitsplätzen ohne Internetzugang.

Mit einer solchen Datenbank halten Sie das Wissen über Ihre Konkurrenz auf dem neuesten Stand. Das spart aufwendiges Suchen, beschleunigt Entscheidungen und spart Zeit und Kosten.

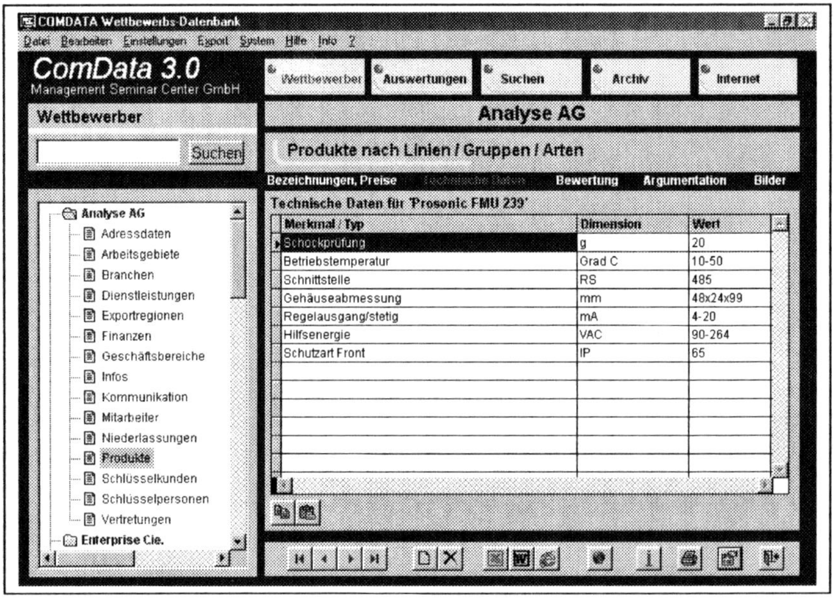

Bild 10.5 Beispiel Datenbank ComData: Welche Produkte bietet der Wettbewerber zu welchem Preis an ? Hier erfassen Sie die wichtigsten Produkte der Wettbewerber nach Produktlinien und Produktgruppen. Die wichtigsten Daten sowie ein Foto erhalten Sie „per Klick".

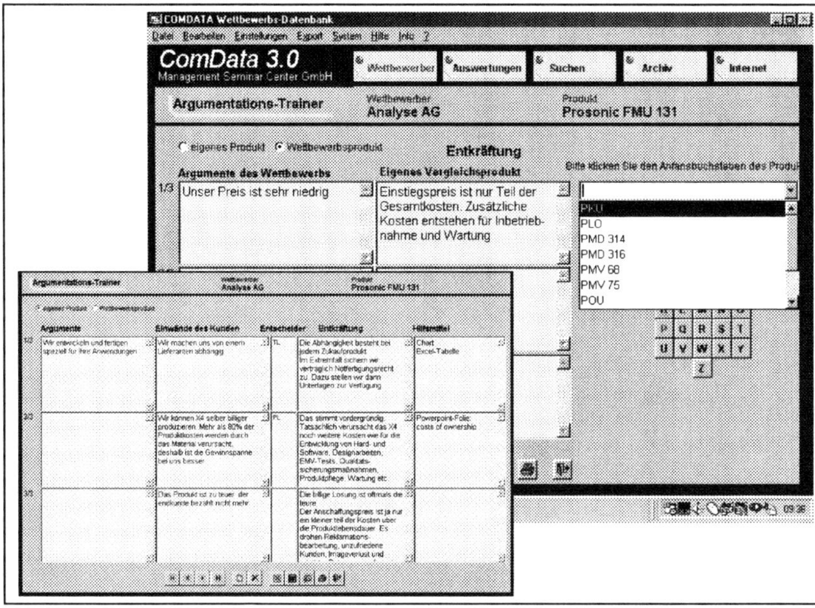

Bild 10.6 Beispiel Datenbank ComData: Damit Sie im Kundenkontakt besser argumentieren können, bewerten Sie die Stärken und Schwächen eines Produkts und definieren Argumente und Einwandentkräftungen.

Bild 10.7 Beispiel Datenbank ComData. Wenn Produkte austauschbar sind, sind Dienstleistungen die Chance der Wettbewerbsdifferenzierung. Welche Dienstleistungen bietet Ihr Wettbewerber an? Suchen Sie nach Lücken im Angebot. Bewerten Sie die Dienstleistungen. Leiten sie aus Stärken und Schwächen treffende Argumente ab. Halten Sie fest, wenn Ihr Wettbewerber Lieferschwierigkeiten hat.

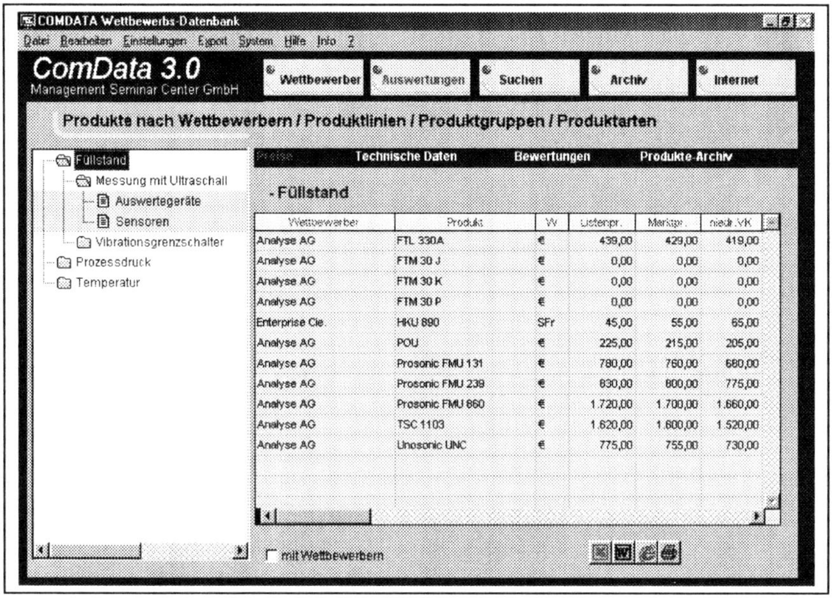

Bild 10.8 Beispiel Datenbank ComData. Nutzen Sie vorgefertigte Recherchen, z. B. „Welches Produkt stammt von welchem Wettbewerber“. „Welcher Wettbewerber bietet welche Produkte an?“ Oder suchen Sie nach Produktnamen. Sie haben den Namen zur Hälfte vergessen? Ihre Datenbank sollte das dazugehörige Produkt trotzdem finden.

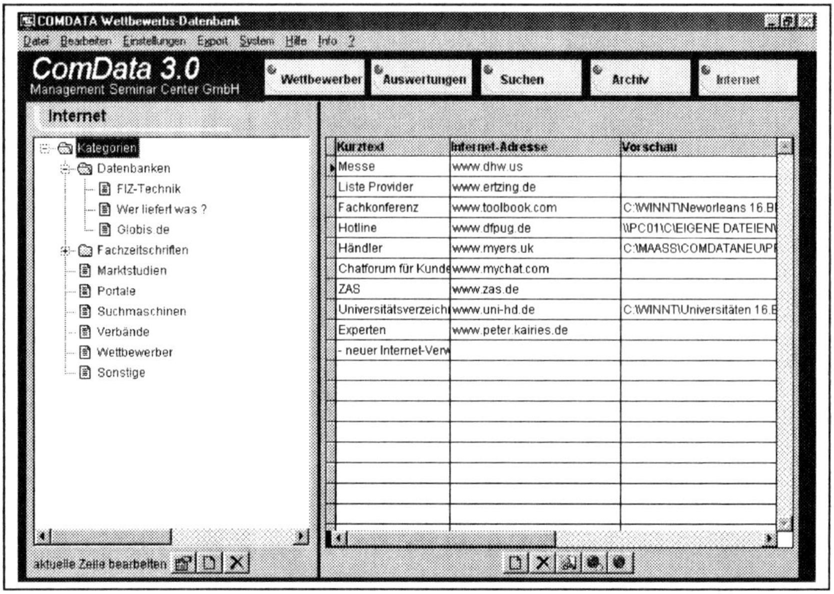

Bild 10.9 Beispiel Datenbank ComData: Archivieren Sie Grafiken, Texte, Bilder, technische Zeichnungen, Kataloge, Prospekte oder Preisvergleiche. ComData ermöglicht die Verknüpfung mit Dateien der unterschiedlichsten Formate. Die Dokumente können anschließend direkt aus der Wettbewerbsdatenbank geöffnet werden.

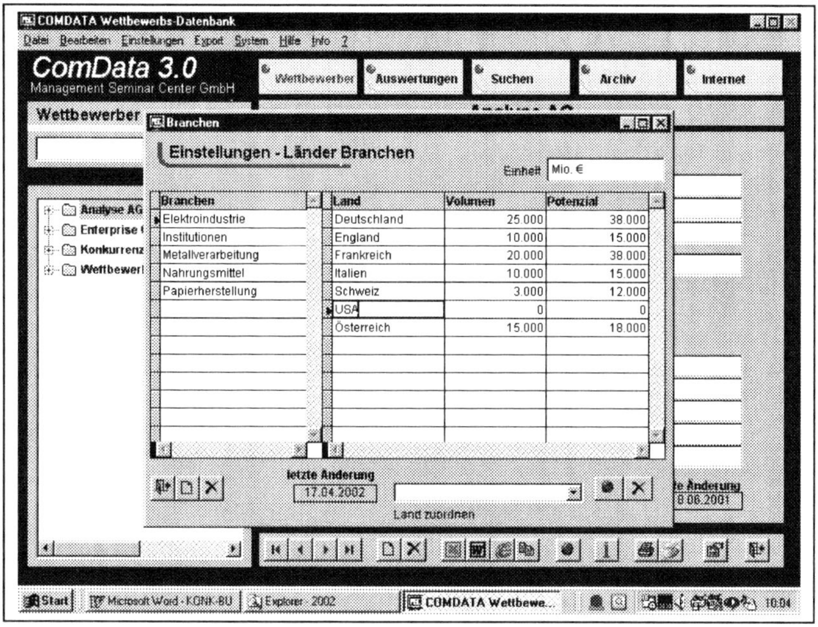

Bild 10.10 Beispiel Datenbank ComData: Erstellen Sie eine Übersicht über Marktvolumina und Marktpotenziale für verschiedene Branchen und Länder. Der i-Button nimmt zusätzliche Kommentare auf.

10.2 Innerbetrieblicher Anforderungskatalog

Bevor Sie sich für eine auf dem Markt angebotene Datenbank entscheiden und sie nach Ihren Bedürfnissen anpassen lassen, sollten Sie zunächst die Anforderungen an eine Wettbewerbsdatenbank für Ihr Unternehmen festlegen. Dazu halten Sie in einem Anforderungsprofil u. a. folgende Punkte fest:

- Wer soll die Datenbank nutzen ?
- Was soll erfasst werden ? (Festlegen der Informationsfelder und Daten)
- Welche Auswertungen sollen möglich sein ?
- Wie sollen die Daten und Auswertungen grafisch aufbereitet werden ?
- Sollen die Daten elektronisch verteilt werden (Mehrplatz-/Webfähigkeit) ?
- Wie sollen die Daten erfasst werden ?

- Sollen auch Fotos erfasst werden?
- Wie erfolgt die Anbindung an das zentrale System ? Kompatibilität ?
- Wie sollen typische Masken aussehen ?
- Sollen die Daten als CD zur Verfügung gestellt werden?
- Wer soll für den Aufbau und die spätere Pflege der Wettbewerbsdatenbank verantwortlich sein ?

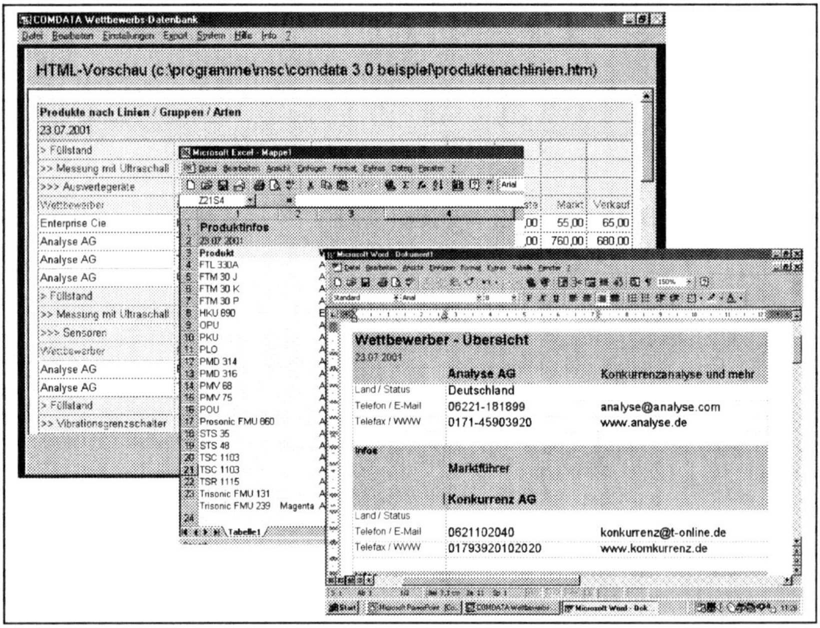

Bild 10.11 Beispiel Datenbank ComData: Verschiedene Druckoptionen und Exportmöglichkeiten unterstützen die schnelle Verteilung der Auswertungen.

Legen Sie ein Projektteam fest: Projektleiter, Teammitglieder, Externe. Der Projektleiter **„Wettbewerbsdatenbank"** ist für die gesamte Koordination innerhalb und außerhalb des Hauses verantwortlich. Die Teammitglieder repräsentieren Ihre Abteilungen, in denen die Datenbank genutzt werden soll. Lassen Sie sich auf der Grundlage Ihres Anforderungsprofiles Angebote von kompetenten Softwareanbietern machen. Achten Sie auf Erfahrung mit Konkurrenzdatenbanken. Erst dann wählen Sie die geeignete Hardware aus. Legen Sie auch für die Erfassung und Pflege der Daten ein angemessenes Budget fest. Erarbeiten Sie zusammen mit Ihrem Software-Experten und dem internen Team ein Datenbuch, in dem Datenstrukturen, Import und Export von Daten, Masken, Verknüpfungen, Berichte usw. festgelegt werden. Beachten Sie dabei ein ausgewogenes Kosten-Nutzen-Verhältnis. Nicht die Menge von Daten ist entscheidend, sondern die Akzeptanz des Systems bei den Nutzern sowie der einfache Umgang damit. So stellen Sie sicher, dass Ihre Wettbewerbdatenbank auch zum Nutzen des Unternehmens verwendet wird.

Die Unternehmensberatung Kairies hat **ein „Competitive Intelligence System“** entwickelt, das zusätzlich zur Wettbewerbsdatenbank weitere Dienstleistungen bietet:

1. Entwickeln eines maßgeschneiderten **firmenspezifischen Konzepts** zum Aufbau eines **Konkurrenz-Überwachungs-Systems**:

- Beschaffung
- Archivierung
- Auswertung
- Reporting
- Nutzung
- Verantwortlichkeiten

2. Die richtige **Software-Datenbank** nach Ihren Anforderungen

3. Die Erfassung bzw. Einbindung von vorhandenen **Datenbeständen**

4. Die **Beschaffung zusätzlicher Konkurrenzdaten** und Dokumentieren der **effizientesten Quellen**.

5. Auf Wunsch die regelmäßige Pflege des Datenbestandes und Aktualisierung der Daten einschließlich der Beschaffung durch z. B. weltweite **Online-Datenbanken**.

11. Wie Sie Konkurrenzinformationen in erfolgreiche Vertriebs-, Marketing- und Wettbewerbsstrategien umsetzen

11.1 Strategien der Gewinner

Ein erfolgreicher Fußballspieler rennt auf dem Spielfeld nicht ständig dorthin, wo der Ball sich gerade befindet. Er erahnt rechtzeitig, wo der Ball ankommt, um dann im richtigen Moment am richtigen Ort zu stehen.

Konkurrenzinformationen können taktische (=kurzfristige) oder strategische (=mittel- bis langfristige) Bedeutung haben. Die strategische Orientierung beeinflusst weite Bereiche der Unternehmenspolitik. Wenn Sie die Weichen auf mehr als nur kurzzeitigen Markterfolg einstellen wollen, reicht es nicht aus, lediglich in Produktdetails besser als die Konkurrenz zu sein.

Dazu ist die konsequente Ausrichtung des Unternehmens auf den Markt in allen Funktionsbereichen erforderlich, nicht nur die Umorientierung vom technikgesteuerten zum marktgetriebenen Unternehmen.

Vielmehr ist es entscheidend, sich in seinem gesamten Produkt- und Leistungsspektrum und dem Verhalten am Markt deutlich vom Wettbewerb abzugrenzen. Die richtige Strategie kann hier helfen, Kräfte zu bündeln und Synergien zu erzeugen.

Konzentration statt Verzettelung ist angesagt. Eine wohl durchdachte Marktsegmentierung kann Ihnen helfen, Marketing- und Vertriebsressourcen effizient einzusetzen. Bearbeiten Sie die lukrativsten Zielgruppen besonders intensiv. Aber erst Spitzenleistungen und Nutzeninnovationen bringen Wachstum und Marktführerschaft. Geben Sie sich deshalb niemals mit mittelmäßigen Ergebnissen zufrieden. Erfolgreiche Unternehmen streben danach, Ihren Kunden einen besonders hohen Produkt- und Dienstleistungsnutzen zu bieten.

Überlegen Sie sich: Mit welchen Produktmerkmalen oder auch zusätzlichen Dienstleistungen können Sie sich besser vom Wettbewerb abheben? Welchen Mehrwert (Added Value) können Sie bieten? Wie lässt sich die Einzigartigkeit

Ihres Leistungspakets Ihren Kunden kommunizieren? Mit welchem **Key Buying Factor** (KBF) wollen Sie sich differenzieren? Die KBFs lassen sich fünf Gruppen zuordnen:

1. Marke des Unternehmens
2. Produkte, Sortiment, angebotene Lösung (z.B. Langlebigkeit, Design,...)
3. Dienstleistungen (z.B. Beratung, Hotline, Gewährleistungszeit, ...)
4. Beziehungen zu Entscheidern
5. Preis

Kaufentscheidungen sind immer ein Mix aus diesen Key Buying Factors. Wenn Ihre Produkte einen hohen Preis haben, können Sie diesen durch die Marke, die Lösung, Dienstleistungen oder gute Beziehungen zu Entscheidern wettmachen.

Welches sind die für Ihre Kunden (ggf. in einem bestimmten Marktsegment) jeweils die drei wichtigsten Key Buying Factors?

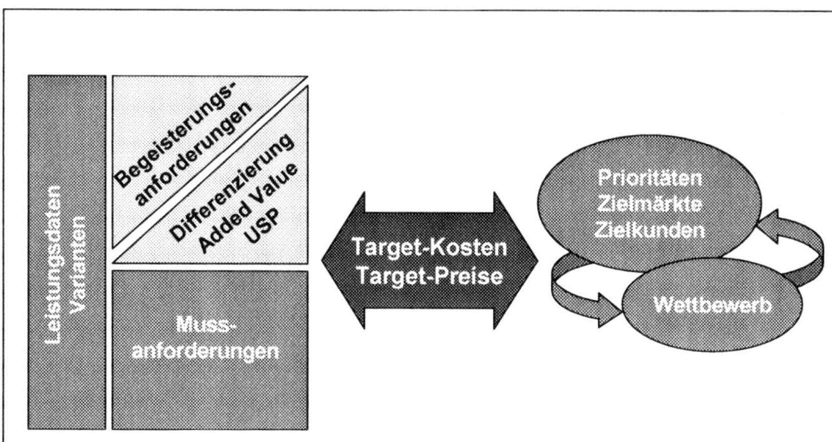

Bild 11.1 Wettbewerbsvorteile durch klare Produktstrategien und marktorientierte Produktdefinition.

Die Beantwortung folgender Kernfragen ist auf dem Weg zur Marktführer-schaft hilfreich:

- Welche Stärken und Schwächen hat Ihr Unternehmen?
- Welche besonderen Stärken/Schwächen-Ausprägungen (Kernkompetenzen) hat Ihr Unternehmen im Vergleich zu Ihrem stärksten Wettbewerber?

- Welche „Kunden-Probleme" lassen sich mit dem Unternehmensprofil am besten lösen?
- Welche Zielgruppen benötigen dieses Problemlösungskonzept besonders?
- Ist die Zielgruppe tief genug segmentiert und „key-customer-identifiziert", dass gute Chancen bestehen, mit den zur Verfügung stehenden Ressourcen und dem Know-How die Marktführerschaft zu erlangen?

Je klarer Ihre Zielvorstellung ist, um so sicherer ist der Erfolg.

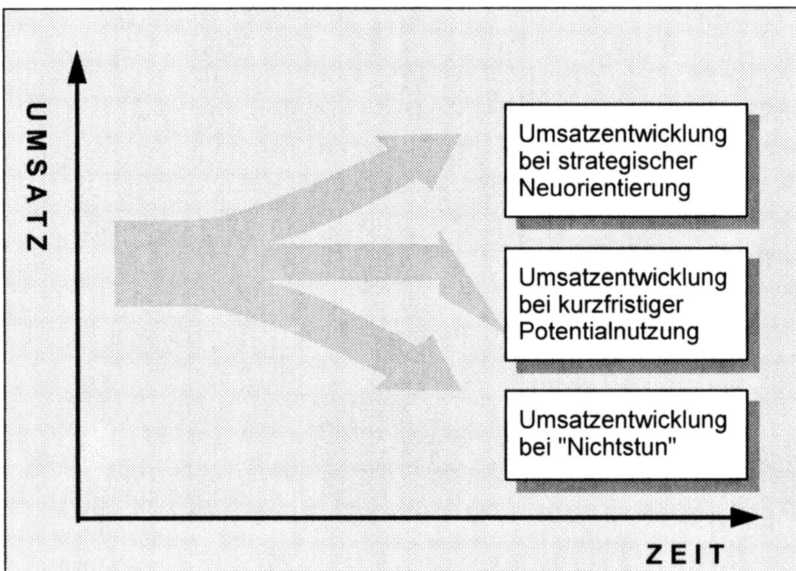

Bild 11.2 Effekte von Marketingaktivitäten auf wettbewerbsumkämpften Märkten.

Beispiel für die strategische Neuausrichtung:

Unternehmen der Mess- und Regeltechnik. Bisher wurde der Markt flächendeckend ("Schneepflugmethode") bedient. Alle irgendwie lösbaren Anwendungen. Außerdem viele Sonderkonstruktionen.Strategiemaßnahme: Konsequentes Segmentieren des Marktes in Branchen/Applikationen und Programmbereinigung. Gezieltes Ausrichten (Konzentrationsmethode) aller Marketing- und Vertriebsmaßnahmen auf die drei erfolgversprechendsten Zielgruppen.

Ergebnis: Der Umsatz wuchs im 1. Jahr um 14 %, im 2. Jahr um 37 %. Ein bedeutender Wettbewerber hat sich aus zwei der drei Zielgruppen fast vollständig zurückgezogen. Die Gewinnsituation wurde deutlich verbessert. Leider kennen wir diese Situation auch im internationalen Wettbewerb.

Verschiedene europäische Unternehmen im High-Tech-Bereich ziehen sich auf Grund des Preisverfalls und der wachsenden globalen Konkurrenz aus dem "einfachen" Breitengeschäft zurück. Man weicht auf anspruchsvolle und komplizierte Produkte aus, um sich vor dem asiatischen Zugriff zu schützen.

Diese Reaktion ist verständlich, wenn man an die ungleiche Kostensituation in den verschiedenen Ländern denkt, aber dennoch gefährlich. Mit dem Rückzug öffnet man dem Wettbewerb die Eingangspforte zu Kunden und Markt.

Kommt noch das Verzetteln auf immer mehr Märkten mit immer mehr Produkten ("Bauchladen") dazu, sind die Zukunftsaussichten des Unternehmens getrübt. Die Marktposition ist angeschlagen, die Gewinne schrumpfen.

Strategische Konzentration statt taktische Hauruck-Aktionen führt zu nachhaltigen Wettbewerbsvorteilen. Beispiele von verschiedenen Segmentführern verdeutlichen die Vorteile der Konzentration. Besinnung auf Stärken und Ausbau dieser Stärken. Segmentierung statt "Schrotflinten-Marketing". Hautnahe Orientierung an den Anforderungen der Nutzergruppen. Optimierung des Kundennutzens durch Dienstleistungen und Komplettlösungen.

Es gibt viele Chancen, Marktführer zu werden :

- Marktanteilsführerschaft: Den höchsten Marktanteil haben
- Qualitätsführerschaft: Mit bester (=kundengerechter) Qualität überzeugen
- Nutzenführerschaft: Nachweislich den höchsten Kundennutzen bieten
- Service- und Dienstleistungsführerschaft: Mit Dienstleistungen „best of class" sein
- Imageführerschaft: Glänzen durch zufriedene und begeisterte Kunden
- Technologieführerschaft: Technologieführer sein
- Preis-/Kostenführerschaft: Im Preis-Leistungsverhältnis die Nummer 1 sein

Märkte / Produkte Leistungen	bestehende	verwandte	neue
bestehende	**Marktdurchdringung** ⇨Marktbesetzung ⇨Verdrängungswettbewerb	**Markterweiterung** ⇨Lücken ⇨Applikationen	**Markterschließung** ⇨Internationalisierung ⇨Neue Marktsegmente
verwandte	**Produktvariation Optionen**	**Marktsegment-/Produkt-Erweiterung**	**Produktanpassung an neue Märkte**
neue	**Neue Produkte** ⇨Innovation ⇨Differenzierung	**Neue Produkte anwendungsspezifisch anpassen**	**Diversifikation**

Bild 11.3 Wachstum durch Nutzung von Markt-, Produkt- oder Dienstleistungspotenzial

Beispiele für Wachstumsquellen:

- Produktinnovationen
- Anwendungsinnovationen
- Produktvariationen, -modifikationen
- Produktergänzungen und -abrundungen
- Komplettlösungen
- Export in ausgewählte Auslandsmärkte
- Verdrängungswettbewerb

Die Diversifikation (neue Produkte für neue Märkte) wird auf Grund des hohen Finanzeinsatzes und Risikos nur von wenigen Unternehmen als Wachstumsquelle angestrebt.

Bei der Umsetzung von Wachstumsstrategien auf Kosten der Konkurrenz werden Sie u.U. mit folgenden Hindernissen konfrontiert, die zu überwinden sind:

- Kostenschwellen
- Personelle Engpässe
- Mangelnde Qualifikation für neue Technologien
- Entwicklungs- und Innovationsschwellen
- Differenzierungsschwellen
- Segmentierungsprobleme
- Know-how-Schwellen
- Informations- und Koordinationsschwellen

Analysieren Sie deshalb, wie gut Ihre Chancen gegen die Konkurrenz wirklich sind.

Hybride Wettbewerbsstrategien:

Hybride Wettbewerbsstrategien brechen mit der Alternativhypothese, wonach sich ein Unternehmen zwischen Kostenführerschaft und Differenzierung zu entscheiden hat, sondern halten dagegen die gleichzeitige Realisation von Kostenführerschaft und Differenzierung und ihre simultane Verfolgung für möglich und vorteilhaft.

Es gibt zwei Möglichkeiten zur Erlangung der hybriden Wettbewerbssituation:

- **Sequenzielle Strategien** verwirklichen die beiden Teile Kostenführerschaft und Differenzierung zeitlich hintereinander, das heißt, zuerst wird eine Kosten-, dann eine Differenzierungsstrategie verfolgt (bzw. umgekehrt). Ebenso ist eine räumliche Trennung denkbar.

- Eine **simultane Hybridstrategie** strebt die gleichzeitige Umsetzung von Differenzierungs- und Kostenvorteilen in ein und demselben Markt an.

Beispiele für hybride Wettbewerbsstrategien:

Strategie	**Vorgehensweise**
Duale Internationalisierungsstrategie (Fleck)	Anwendung unterschiedlicher Wettbewerbsstrategien an verschiedenen Orten, z.B. Kostenvorteile im Heimatland und Differenzierungsvorteile im Ausland.
Simultaneitätskonzept (Corsten/Will)	Gleichzeitige Realisation von Kostenführerschaft und Differenzierung als Eigenschaft moderner Produktionskonzepte. organisatorisch basierend auf dem Gruppenprinzip und technologisch umgesetzt vor allem mittels moderner Fertigungstechnologien.
Strategie für den Hyperwettbewerb (D'Aveni)	Konzept, das die ständige und gleichzeitige Entwicklung neuer Strategien auf vier Wettbewerbsschauplätzen (Kosten- und Qualitätsvorteile, Innovationssprünge, Aufbau von Eintrittsbarrieren, finanzielle Stärke) fordert.
Mass Customizing (Pine)	Produktion von Gütern und Leistungen nach Wunsch für einen (relativ) großen Absatzmarkt zu Kosten, die ungefähr denen einer massenhaften Fertigung vergleichbarer Standardgüter entsprechen.

Quelle: F. Piller, Lst. für IBL, Uni Würzburg

Wie konkurrieren? / Wo konkurrieren?	konventionelle Regeln	neue Regeln
Im Gesamtmarkt	**Überlegene Marktabdeckung auf breiter Front**	**Änderung der Grundlagen des Wettbewerbs**
In Nischen	**Konzentration auf eine Nische**	**Innovationen in ausgewählten Marktsegmenten**

Bild 11.4 Wachstum durch Schaffung neuer Regeln im Wettbewerb

Produkte werden vergleichbarer und austauschbarer. Die Dienste am Kunden, d.h. Beratung und Betreuung bis hin zur Kundenbeziehung sind die Chance, sich vom Wettbewerb deutlich zu differenzieren. Die persönliche Beziehung, besonders zu A-Kunden, kann den entscheidenden Ausschlag zu Ihren Gunsten geben.

> Errichten Sie hohe Eintrittsbarrieren gegenüber Ihrer Konkurrenz, indem Sie **Beziehungsmarketing** betreiben und die **Kundenbindung** verbessern.

11.2 Bauen Sie Barrieren gegen die Konkurrenz auf

Entwickeln Sie Ihre persönliche Erfolgsstrategie im Wettbewerb. Überlegen Sie, ob dafür auch Kooperationen mit anderen Unternehmen sinnvoll sein können, und suchen Sie Kontakt zu Geschäftspartnern, die sich gegen denselben Konkurrenten behaupten müssen. Wichtig ist, dass Sie Ihre Strategie immer wieder den neuen Gegebenheiten anpassen.

Auf Verdrängungsmärkten gilt: Kundenbesitz ist wichtiger als Produktbesitz. Erstklassige Kundenbeziehungen bieten die erfolgreichsten Eintrittsbarrieren gegen die Konkurrenz. Je fester die Bindung eines Kunden an Ihr Unternehmen ist, desto schwerer hat es Ihr Wettbewerber.

Wenn Sie die gleichen Produkte anbieten wie Ihr Konkurrent, braucht der Kunde weitere Orientierungspunkte für seine Kaufentscheidung. Der Preis sollte nicht das einzige Unterscheidungsmerkmal sein. Grenzen Sie sich nach der Methode KISS gegen Ihren Wettbewerb ab: Keep it simple and stupid. Seien Sie also immer etwas anders und ein bisschen „verrückt“. Überlegen Sie, welchen Mehrwert Sie Ihren Kunden bieten. Was ist die Besonderheit Ihres Angebots? Was erhält der Kunde bei Ihnen mehr als beim Mitbewerber?

Teilen Sie den Nutzen dieses Mehrwerts mit. Manchmal entscheidet ein kleiner Vorsprung über Sieg oder Niederlage.

Individualisierung als Wettbewerbsstrategie:

Autor	Strategie
Ansoff /Stewart	Strategie des “Application Engineering”: In reifen Märkten werden durch Produktmodifikationen individuelle Bedürfnisse einzelner Nachfrager erfüllt.
Wheelwright	Strategie “Flexibilität” als Fähigkeit, “to handle difficult, non-standard orders”.
Porter	Differenzierung, Auszeichnung des Angebots im Gegensatz zu Wettbewerbern, eine Option dazu ist Varietät / Individualisierung.
Ringsletter/Kirsch	Konkretiesierung der Porter'schen Differenzierungsstrategie, Ziel: „sich durch eine größere Varietät der Leistung den individuellen Präferenzen der Kunden besser anzupassen als der Wettbewerb“.
Albers/Eggert	Kundennähe drückt sich aus in den Dimensionen

	Differenzierung, Flexibilität und Reagibilität. Ein Unternehmen ist dann besonders kundennah, wenn es seine Märkt differenziert bearbeitet, auf Kundenwünsche flexibel reagiert und auf Marktveränderungen in mittel- bis langfristiger Sicht schnell und adäquat reagiert.

Quelle: F. Piller, Lst. für IBL, Uni Würzburg

Anonyme Bearbeitung
- Kunde ist anonym
- Anfragen werden abgearbeitet

→ **Keine Austrittsbarrieren** für den Kunden

Standard-Beratung
- Standardisierte Unterstützung
- Beratung orientiert sich am üblichen Standard

→ **Keine bis niedrige Austrittsbarrieren** für den Kunden

Individuelle Betreuung
- Individuelle Unterstützung des Kunden
- Mitarbeiter mit überdurchschnittlichem Beratungsprofil
- Mehrwert für den Kunden erkennbar

→ Ein Ausstieg aus den Geschäftsbeziehungen wird **wohl bedacht**

Persönliche Beziehung
- Es bestehen persönliche Beziehungen zum Kunden
- Kunde und Lieferant sind Partner
- Deutlicher Zusatznutzen für den Kunden

→ **Hohe Austrittsbarrieren**

Bild 11.5
Investieren Sie in die Kundenbindung, indem Sie sich in der Kundenbetreuung deutlich vom üblichen Standard des Wettbewerbs abheben. Persönliche Beziehungen (Fachfreundschaften) erhöhen die Austrittsbarrieren für den Kunden.

Die nachfolgenden Fragen werden Ihnen helfen, Ihre Wettbewerber und die Einflüsse mittelfristig besser einzuschätzen. Es ist gleichzeitig ein Resümee aus der unter Kapitel 6 ff beschriebenen Konkurrenzanalyse.

Entscheidend sind die Konsequenzen und vor allem die Maßnahmen, die Sie aus den Erkenntnissen ableiten.

Erst durch konkrete Maßnahmen entsteht aus Ihrer Konkurrenzanalyse **ein echter Nutzen**.

Frage	**Antwort**
Welches sind unsere (drei) **einzigartigen**, eigenen **Wettbewerbsvorteile** gegenüber den (zwei) wichtigsten Wettbewerbern?	
Welches sind die (drei) wichtigsten, wettbewerbsstrategischen **Aktionen**, die in den nächsten (drei) Jahren durchzuführen sind?	
Welches sind die (drei) wichtigsten **positiven Einflüsse** auf unsere Produkte/Märkte in den nächsten drei Jahren?	
Welches sind die (drei) wichtigsten **negativen Einflüsse** auf unsere Produkte/Märkte in den nächsten drei Jahren?	
Welches sind die (drei) wichtigsten **wettbewerbsstrategischen Bedrohungen** in den nächsten (fünf) Jahren?	
Welches sind die (drei) wichtigsten **wettbewerbsstrategischen Stärken/Aktionen** in den nächsten (fünf) Jahren?	
Welches sind die (drei) wichtigsten strategische **Besonderheiten/Aktionen**, die wir von unseren (zwei) **wichtigsten Wettbewerbern** zu erwarten haben?	
Wie ist unsere **Kostenstrukturentwicklung** im Vergleich zum wichtigsten Wettbewerber in den nächsten (fünf) Jahren?	
Fazit, Konsequenzen, Sofortmaßnahmen	

(Quelle: Prof.Dr. Christel Niedereichholz, Unternehmensberatung, Oldenburg-Verlag München 2000)

Szenariotechniken:

Zur Ableitung konkreter Strategien und entsprechender Maßnahmen kann es hilfreich sein, Wettbewerbsszenarien zu entwickeln. Das nachfolgende Beispiel zeigt Ihnen, wie Sie die Auswirkungen und die Eintrittswahrscheinlichkeit mit Hilfe einer Matrix visualisieren können.

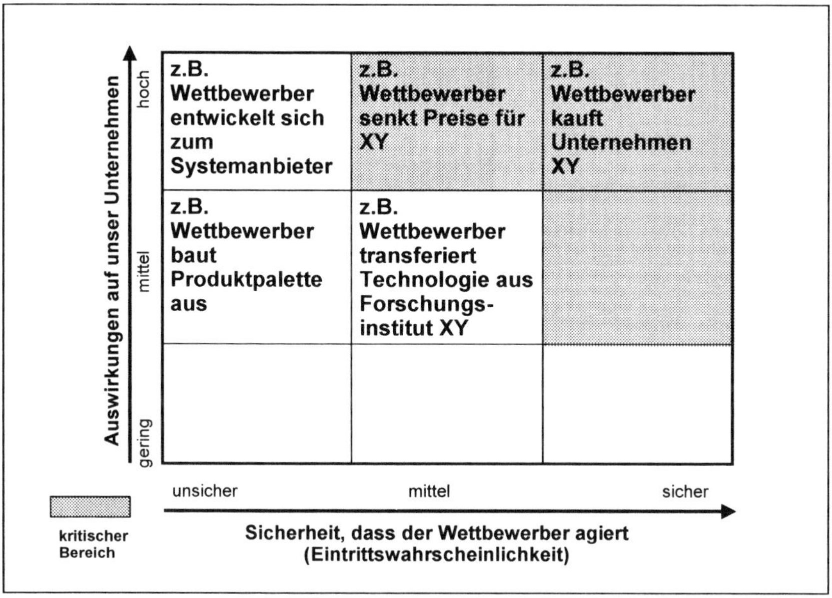

Bild 11.6 Gerade bei sehr aktiven Wettbewerbern empfiehlt sich die Anwendung von Szenariotechniken

12. Benchmarking: Orientieren Sie sich am Besten

12.1 Benchmarking

Ab und zu über den Zaun schauen, mal sehen, was der Wettbewerb tut, genügt nicht. Vergleichen Sie sich mit dem Besten. Wer siegen will, muss seine Kräfte messen, genauer gesagt, seine Wirkung auf den Kunden. Erst der Vergleich mit den anderen ermöglicht es, Potenziale zu erkennen und nutzbar zu machen. Benchmarking ist die Methode, eigene Fähigkeiten mit denen der Konkurrenz zu vergleichen, vom Besten der jeweiligen Disziplin zu lernen und sich zum Besten bei bestimmten Leistungsmerkmalen zu entwickeln. **Suchen Sie nach Vorbildern**, denen Sie nacheifern können. Für ein mittelständisches Unternehmen kann das durchaus eine wesentlich größere Firma sein.

- Ist die Firma in der genannten Disziplin so gut?
- Was tat sie, um dahin zu kommen?
- Wie hat sie dies getan?
- Was können Sie vom Besten lernen, was übernehmen, was „abkupfern"?
- Was können Sie anders und noch besser machen?

Streben Sie nach permanenten Verbesserungen, besonders bei Ihrem Marktauftritt und der Bearbeitung Ihrer Kunden. Viele Unternehmer ahnen nicht, welch gewaltiges Potenzial sie nutzen könnten, wenn sie über Jahre ihre Konkurrenz beobachten und sich Schritt für Schritt konsequent abheben würden. Der Benchmarking-Prozess zur kontinuierlichen Verbesserung umfasst sechs Schritte:

1. Analysieren Sie Ihre Stärken und Schwächen: im Unternehmen, bei den Produkten und Dienstleistungen, beim Marktauftritt und bei der Kundenbearbeitung.

2. Arbeiten Sie Ihre Hauptschwächen und -stärken heraus: Wo ist der dringendste Handlungsbedarf? Wo bestehen besondere Chancen?

3. Ermitteln Sie den Besten der Disziplin, in der Sie eigene Schwächen erkennen.

4. Betreiben Sie Ursachenforschung: Warum ist das Unternehmen in der genannten Disziplin so gut? Was tat es, um dahin zu kommen?

5. Setzen Sie die Erkenntnisse im eigenen Unternehmen um: Was können Sie vom Besten lernen, was übernehmen, „abkupfern“? Was können Sie anders und besser machen? Erarbeiten Sie konkrete Leistungsziele und Aktionsprogramme.

6. Messen Sie den Erfolg und beginnen Sie den Prozess von vorne: Haben die Maßnahmen den gewünschten Erfolg gebracht?

Eines ist wichtig: Verlieren Sie trotz der Annäherung an den Besten in einer Disziplin niemals Ihre eigene Unternehmenspersönlichkeit. Machen Sie sich immer wieder die besonderen Fähigkeiten Ihres Unternehmens bewusst und konzentrieren Sie Ihre Kraft darauf. Vermitteln Sie auch in der Öffentlichkeit die Vorteile Ihrer Produkte und Ihres Unternehmens.

Benchmarking ist die Methode, eigene Fähigkeiten mit denen der Konkurrenz zu vergleichen, vom Best-of-Class zu lernen und sich zum Best-of-Practice ausgewählter Leistungsmerkmale zu entwickeln.

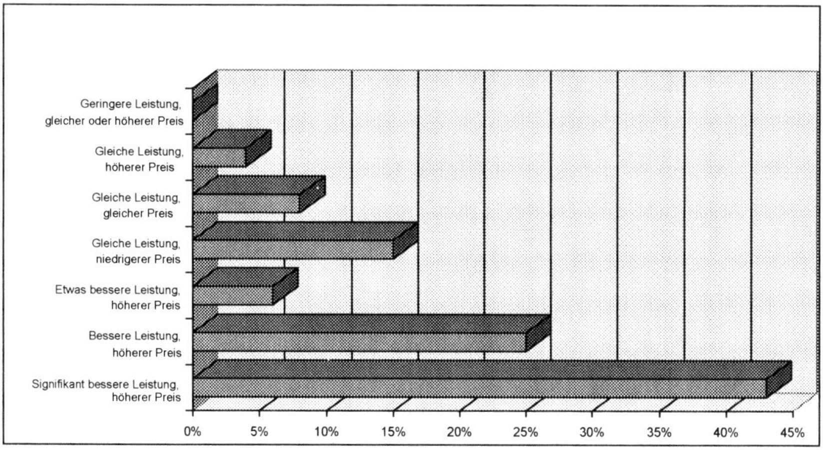

Bild 12.1 Erfolgsfaktoren für neue Produkte : Auswirkungen von Leistung und Preis auf die Erfolgswahrscheinlichkeit für neue Produkte am Markt.

12.2 Kundenzufriedenheits-Messungen

Kein Pilot würde sein Flugzeug ohne Navigationshilfen auf dem rechten Kurs halten können. So benötigen Sie Controlling-Informationen, um Ihre Mittel und Ressourcen auf die lukrativsten Aktivitäten zu konzentrieren. Das Controlling soll helfen folgende Fragen zu beantworten:

- Wo stehen wir bei unseren Kunden und am Markt?
  (=Situationsbestimmung)
- Führen unsere Aktivitäten zu den beabsichtigten Zielen?
  (=Maßnahmenkontrolle)
- Haben wir unsere Ziele zufriedenstellend erreicht?
  (=Soll-Ist-Vergleich)
- Was ist zu tun?
  (=Ableiten von Aktivitäten)

Die klassische Vorgehensweise nutzt als Basis vorwiegend Kennzahlen, wie z.B. Umsatz, Deckungsbeitrag, Stückzahl, usw.. Diese „harten" Kennzahlen sind sehr hilfreich, reichen heute auf Grund der dynamischen und wechselnden Märkte im Verdrängungswettbewerb als Controlling-Daten nicht aus.

Beispiel:
Man tätigt seit 3 Jahren gute Geschäfte mit der Firma Texta & Co. Umsatz und Deckungsbeitrag sind seit 3 Jahren auf hohem Niveau ok.

Prognose-Ergebnis auf der Basis der bisherigen Umsatzentwicklung :

====> *„Es wird so bleiben. Vielleicht wird der Umsatz sogar steigen."*

Eine telefonische **Kundenzufriedenheitsbefragung** bringt jedoch gravierende Schwächen in der Kundenbetreuung durch die Vertriebsorganisation zu Tage. Der Kunde bemängelt die schlechte Erreichbarkeit bei telefonischen Auskünften. Die Hotline sei ständig belegt. Die Betreuung durch den Außendienst, obwohl in Prospekten hoch angepriesen, findet für den Kunden praktisch nicht statt, ist also völlig unzulänglich. Der Kunde ist mit der derzeitigen Geschäftssituation völlig unzufrieden und wartet auf die passende Gelegenheit zur Konkurrenz zu wechseln.

Der Außendienstmitarbeiter selber hat jedoch zu keinem Zeitpunkt seinen Chef über die Situation informiert. Möglicherweise war ihm die Brisanz der Lage nicht bewusst.

Prognose-Ergebnis auf der Basis der Kundenzufriedenheits-Messungen :

====> *„Der Kunde wird bei nächster Gelegenheit abspringen. Der Umsatz wird zusammenbrechen, wenn nichts getan wird."*

Controlling im Sinne einer strategischen Positionierung orientiert sich nicht alleine an Hard-facts, wie z. B. Kennzahlen, sondern erfasst Informationen und Stimmungen direkt beim Kunden.

Messen Sie wichtige **Kriterien der Kundenzufriedenheit** regelmäßig. So können Sie **Benchmarks** als Orientierungshilfen nutzen. Sie haben die Basis, um die Kundenbetreuung, Produkte und Dienstleistungen permanent zu verbessern und damit die Wettbewerbsfähigkeit wirksam zu steigern. Kundenzufriedenheitsmessungen sind Ihre „Just-in-Time-Sensoren" am Markt.

Führen Sie mindestens 1-2 Mal jährlich Kundenzufriedenheitsmessungen durch.

12.2.1 Was bedeutet Kundenzufriedenheit?

Kundenzufriedenheit ist subjektiv und wird geprägt durch Erwartungen, Wahrnehmungen, Stimmungen und Erfahrungen des einzelnen Kunden. Kundenzufriedenheit ist keine eindeutige Messgröße mit einer eigenen Dimension. Sie kann nicht direkt als eindimensionaler Parameter gemessen werden.

Kundenzufriedenheit muss indirekt durch das Messen von skalierbaren relativen Bezugsgrößen bestimmt werden.

Kundenzufriedenheit wird beeinflusst durch
- Das eigene Unternehmen
- Den Kunden
- Das gesellschaftliche Anspruchsniveau
- Den Wettbewerb

12.2.2 Warum Kundenzufriedenheitsmessungen?

Wie bereits erläutert, stammt der Umsatz im Unternehmen aus zwei Quellen:

- Neukunden
- Stammkunden

Es ist wesentlich teurer, neue Kunden zu gewinnen, als den gleichen Umsatz mit bestehenden Kunden zu erzielen.

Ein zufriedener Kunde
- Kauft wieder
- Empfiehlt das Unternehmen weiter
- Beachtet die Konkurrenz weniger
- Kauft weitere Produkte des Unternehmens

Es kostet mindestens zwei bis viermal soviel, den gleichen Umsatz mit neuen Kunden zu realisieren wie mit Stammkunden. Aber es ist fast unmöglich, einen einmal an die Konkurrenz verlorenen Kunden kurzfristig zurückzugewinnen. Hier enstehen erfahrungsgemäß fünf bis zwölfmal so hohe Kosten.

Der Schlüssel zur Kundensicherung ist die **Kundenzufriedenheit.**

Kundenzufriedenheits-Messungen sind Steuerungshilfen für das Verhalten von Vertrieb und Service.

Setzen Sie strategische Prioritäten:

1. Priorität: Bestehende Kunden halten und das vorhandene Potenzial maximal ausschöpfen. Bauen Sie durch eine bessere Kundenbindung Barrieren für den Wettbewerber auf.

2. Priorität: Neue Kunden akquirieren

Nutzen Sie Ergebnisse von Kundenzufriedenheitmessungen als Chance, sich am Wettbewerb zu messen aber auch interne Maßnahmen, Neuerungen sowie konkrete Verbesserungen einzuleiten.

Wie Sie die Kundenzufriedenheit ermitteln können !

1. Befragen Sie direkt Kunden (Enduser, OEM, Händler usw.)
- Fragebogen im persönlichen Gespräch
- Telefoninterviews
- Mail- und Fax-Fragebogen

2. Befragen Sie Mitarbeiter mit häufigem Kundenkontakt
- Vertrieb
- Service

3. Werten Sie unternehmensinterne Messgrößen aus
3.1 Reaktionen von Kunden
- Anzahl von Reklamationen
- Aufwendungen für die Reklamationsbearbeitung (Stunden, €)

3.2 Die Kundenzufriedenheit beeinflussende Messgrößen
- Liefertermintreue
- Technische Produktqualität (Anzahl von Gewährleistungsfällen, Rücksendungen)
- Einhalten der Liefermenge
- Weitere Benchmarks

Bild 12.2 Möglichkeiten zur Ermittlung der Kundenzufriedenheit.

12.3 Aspekte der Kundenbeziehungen

Kundenbeziehungen bieten Eintrittsbarrieren für die Konkurrenz. Je stabiler die Kundenbindung, desto schwerer hat es Ihr Wettbewerber. Wie lassen sich die Beziehungen zum Kunden greifbar machen?

Der Grad der Kundenbeziehung lässt sich über die Messung der Kundenzufriedenheit erfassen. Nur nicht direkt. Dazu erfassen Sie durch einzelne Kriterien (Benchmarks) verschiedene Aspekte der Kundenbeziehung. Sie „zerlegen" sozusagen die Kundenbeziehung in seine messbaren Bestandteile. Wichtig sind dabei die Fragen:

- Was nimmt der Kunde wahr?
- Was ist dem Kunden wie wichtig?
- Wie schneiden wir im Vergleich zum Wettbewerb ab?

Aspekte der Kundenbeziehungen Benchmarks	
1. Produkt und Leistungen	
• Erfüllungsgrad der technischen Anforderungen	%
• Stand der Technik (Alter der Produkte im Produktlebenszyklus)	%
• Time-to-Market	Monate
2. Auftragsvorbereitende Beziehungen	
• Erreichbarkeit bei Kundenanfragen (Vertriebsabteilung)	%
• Kompetenz des Außendienstes	-3...+3
• Aussagefähigkeit des Prospektmaterials	-3...+3
• Dauer der Angebotserstellung	Tage
• Qualität der Angebote	-3...+3
• Lost-Order	%

3. Auftragsabwicklung	
• Anzahl/Volumen der Bestellungen ohne vorhergehendes Angebot	%
• Lieferzeit (auch differenzierte Durchlaufzeiten)	Tage/Wochen
• Engineering	-3...+3
• Projekt-Management	-3...+3
• Liefertermintreue (Einhaltung/Abweichung-Statistik)	%/Tage
• Einhalten der Liefermenge	%
4. Service	
• Erreichbarkeit im "Problemfall" (Serviceabteilung)	%
• Dauer von Reparaturen	Tage
• Lieferzeit für Ersatzteile	Tage
• Verfügbarkeit von Servicemitarbeitern	%
• Kompetenz des Services	-3...+3
• Flexibilität	-3...+3
• Anzahl der Reklamationen	Anzahl/Monat
• Anzahl der Gewährleistungsfälle	Anzahl /Monat
• Aufwendungen für Gewährleistungen	€
5. Kommerzielle Beziehungen	
• Preis	€
• Preis im Vergleich zum Wettbewerb	%
• Preis-Leistungsverhältnis	Leistg./€
• Kulanz	-3...+3
• Zahlungskonditionen (generell)	-3...+3
• Skonto	%, Tage
• Zahlungsziel	Tage
• Finanzierungsleistungen	-3...+3
6. Generelle Beziehungen	
• Fester Ansprechpartner (z. B. Kundenbetreuer)	-3...+3
• Kundenabwanderungsquote	%
• Image des Unternehmens	-3...+3

Bild 12.3 Aspekte der Kundenbeziehung und Möglichkeiten der Skalierung der einzelnen Benchmarks.

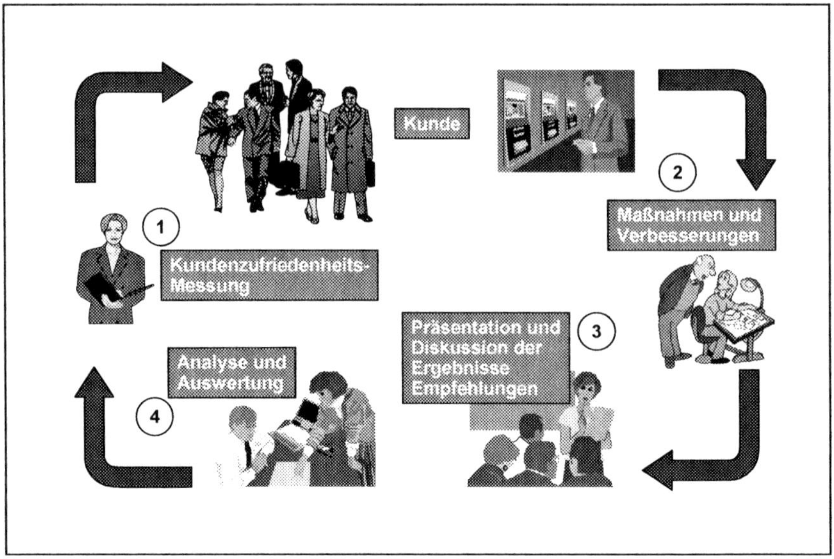

Bild 12.4 Kundenzufriedenheitsmessungen dienen der Verbesserung von Kundenbeziehungen. Sie zeigen, wie Sie der Kunde im Vergleich zu Ihrem Wettbewerber beurteilt.

Die nachfolgenden Beispiele zeigen, welche Bedeutung KSB und Siemens Medizintechnik der Durchführung von Kundenzufriedenheitsmessungen beimessen.

KSB	**Siemens**
Angaben zum Unternehmen :	
KSB AG, Frankenthal, Geschäftstätigkeit: Produktion von Pumpen und Armaturen. Umsatz: 1 Mrd. € (weltweit) Mitarbeiter: 15 000 (weltweit) Kunden: in Deutschland ca. 44 000 aus allen Branchen	Siemens Medizintechnik, Geschäftsgebiet Dentalsysteme, Bensheim, Geschäftstätigkeit: Entwicklung/Herstellung von Dentalgeräten, eigene Handelsorganisation Umsatz: ca. 0,5 Mrd. € (weltweit) Mitarbeiter: 2 500 (weltweit) Kunden: Niedergelassene Zahnärzte, Kliniken, Behörden; Vertragshändler.
Warum erforschen Sie die Zufriedenheit Ihrer Kunden?	
Für ein kundenorientiertes Unternehmen ist es von existentieller Bedeutung, die Meinung der Kunden regelmäßig zu erfragen und daraus Maßnahmen für Verbesserungen abzuleiten.	Der Markt für Dentalgeräte stagniert bzw. wächst nur noch schwach. Deshalb kommt es für die Anbieter darauf an, sich der Loyalität ihrer Kunden zu versichern. Die Zufriedenheit der Kunden ist nämlich ein guter Indikator für den Umsatz von morgen.
Welche Kunden wurden wann, wie und von wem befragt?	
Europaweite schriftliche Befragung von 4150 A- und B-Kunden. Befragt wurden 8025 Mitarbeiter aus Einkauf, Planung und Produktion. Bei der Befragung wurde die Hilfe eines externen Beraters in Anspruch genommen.	Die erste Kundenzufriedenheitsanalyse mit Schwerpunkt Deutschland war eine standardisierte, persönliche Befragung von 470 Händlern, Zahnärzten und Zahnarzthelferinnen. Sie wurde im Frühjahr dieses Jahres auf der Internationalen Dentalschau in Köln durchgeführt. Befragung und Auswertung mit Hilfe eines externen Beraters.
Wie haben die Kunden auf die Befragung reagiert?	
Weitestgehend positive Reaktionen von Kunden, länderspezifisch	Grundsätzlich positiv. Vor allem viele Zahnärzte begrüßten es, dass der Markt-

unterschiedliche Rücklaufquoten. Südeuropa eher niedriger, Skandinavien sehr hoch, Deutschland z. B. 30%; Frankreich 20%.	führer sich für ihre Meinung interessierte. Geringfügige Probleme gab es an den beiden ersten Messetagen, die dem Fachhandel vorbehalten waren. Die Händler waren auf Grund voller Terminkalender oft nicht zu Spontan-Interviews bereit.
Gab es Widerstände bei den eigenen Mitarbeitern?	
Nein, keine nennenswerten Widerstände.	Geschäfts- und Verkaufsleitung standen von Anfang an aktiv dahinter. Auch die Mitarbeiter mit Kundenkontakt waren nach anfänglicher Skepsis von der Methode überzeugt.
Hat die Kundenzufriedenheitsmessung zu aussagefähigen Ergebnissen geführt?	
Je nach Rücklaufquote sehr gut verwertbare Ergebnisse, viele Anregungen und Tipps, auch Beschwerden.	Ja, obwohl sich unsere Kunden grundsätzlich sehr zufrieden mit den angebotenen Leistungen zeigten, wurden auch einige (zum Teil überraschende) Schwächen klar.
Welche konkreten Maßnahmen wurden daraus abgeleitet?	
a) Sofortiges Abarbeiten von konkreten Beschwerden. b) Langfristige Prozessverbesserungen c) Feedback an Kunden	Ende Juni dieses Jahres wurde zusammen mit dem eingeschalteten externen Beratungsunternehmen ein Workshop durchgeführt. Führungskräfte (aller Funktionen) diskutierten die Ergebnisse, um die Schwächen in den Kundenbeziehungen zu beseitigen, wurden konkrete Maßnahmen (mit Zeitplan und Verantwortlichkeiten) beschlossen.
Werden die Ergebnisse der Kundenzufriedenheitsmessung für die Vergütung von Mitarbeitern/ Führungskräften herangezogen?	
Nein	Zur Zeit noch nicht. Mittelfristig ist dies jedoch vorgesehen.
Wieviel Geld hat die Kundenzufriedenheitsmessung gekostet?	
Ca. 35.000 €	Rund 25.000 € für die Konzeption der Messsystematik und die Durchführung/ Auswertung der Messebefragung.

Führen Sie künftig regelmäßig Kundenzufriedenheitsmessungen durch?	
Ja, alle zwei Jahre, die Kundenzufriedenheitsmessung soll europaweit zum ständigen Management-Tool werden.	Ja, die Messung der Kundenzufriedenheit wurde inzwischen auf eine breitere Basis gestellt: - Weitere Kernmärkte im Ausland wurden analysiert, z. B. telefonische Befragung in den USA, schriftliche Befragung in Frankreich. z.B: Schriftliche Befragung für unser Handelsgeschäft mit Verbrauchs-materialien; Telefonische Befragung von Zahnärzten ca. vier Monate nach Installation eines Geräts (After Sales Marketing); Alle Befragungen werden in verschiedenen zeitlichen Abständen wiederholt.

Bild 12.5 Zwei Fallbeispiele: Wie Unternehmen die Zufriedenheit ihrer Kunden messen (Quelle VDI-Nachrichten)

Erfassen Sie die Kundenzufriedenheit in regelmäßigen Intervallen, z. B. zwei mal im Jahr. Werten Sie die Ergebnisse aus. Auf der Basis dieser Ergebnisse können Verbesserungsmaßnahmen erarbeitet werden. Im Team legen Sie konkrete Maßnahmen und Verantwortlichkeiten fest.

Vier Phasen eines Benchmarking-Projekts:

Bild 12.6 Die Auswahl der entsprechenden Partner ist der zentrale Erfolgsfaktor beim Benchmarking-Arbeitskreis.

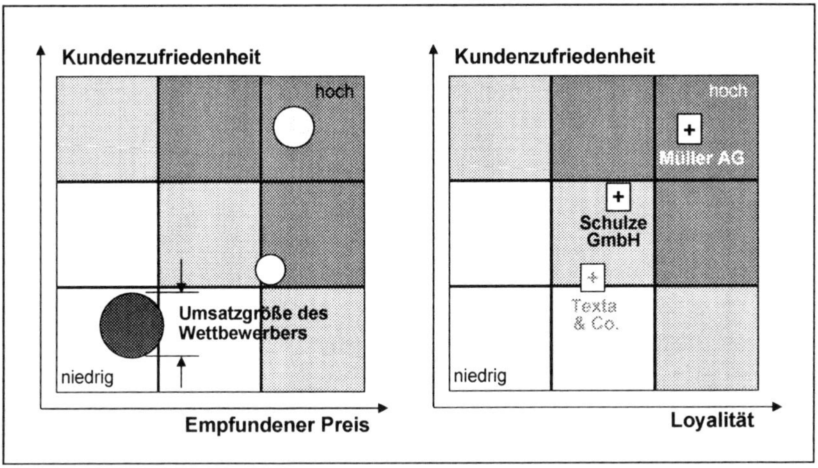

Bild 12.7 Entscheidungen für Kundenbearbeitungsstrategien können durch die Darstellung von Kundenzufriedenheit, Preiswürdigkeit aus Kundensicht (empfundener Preis) und Loyalität des Kunden unterstützt werden, erfordern aber qualifizierte Kundenbefragungen. Der Anbieter hat bei seinem Kunden Müller AG eine sehr stabile Lieferantenposition. Der Kunde Texta & Co. droht abzuspringen, da er mit den Leistungen seines Zulieferers nicht zufrieden ist und auch die Frage „Würden Sie morgen wieder bei uns kaufen?" verneint.

Die Kundenzufriedenheit ist der Gradmesser für die Qualität der Beziehungen des Unternehmens zu seinen Kunden.
!! Haben Sie den Mut, sich mit Ihrer Konkurrenz zu vergleichen !!

12.4 Beispiele für Kundenzufriedenheits-Messungen

Benchmarking Kundenzufriedenheit

Produkt	Bürokopierer	
	Gesamt Leistungsindex	Leistungsindex (in %)
Alpha	0,57	59,44
Beta	-0,40	43,33
Gamma	0,94	65,74

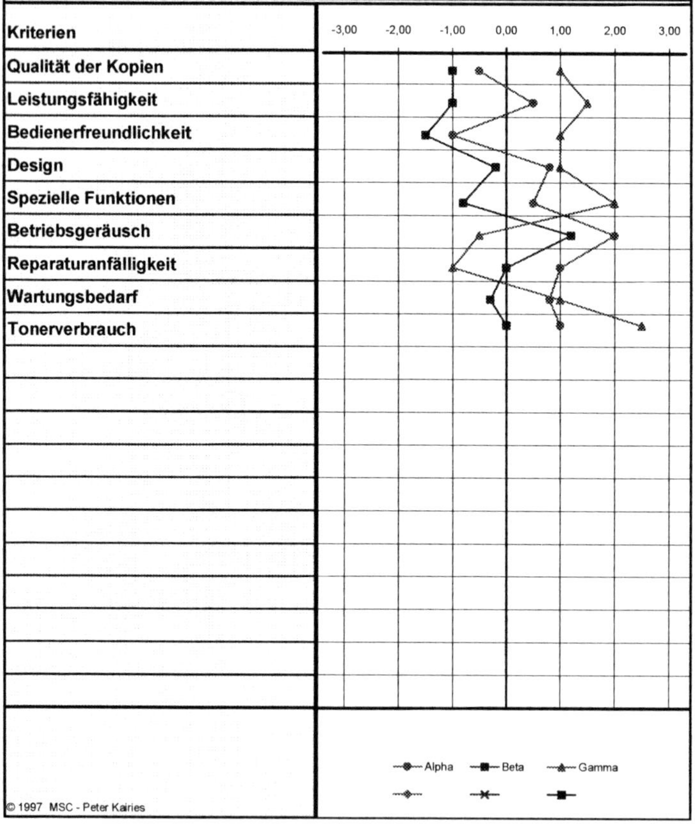

Bild 12.8 Das Stärken-Schwächen-Diagramm bereitet auch die Messung der Kundenzufriedenheit optisch ansprechend und übersichtlich auf.

Alpha GmbH **Potential-Analyse**

Produkt	Bürokopierer	**Name**	
Markt	Deutschland	**Datum**	
Mitbewerber	Beta AG, Gamma oHG	**Update**	

	Gesamt Leistungsindex	Leistungsindex (in %)	Listenpreis (in DM)
Alpha	0,57	59,44	
Gamma	0,94	65,74	

Kriterien	Differenz-werte
Betriebsgeräusch	2,50
Reparaturanfälligkeit	2,00
Design	-0,20
Wartungsbedarf	-0,20
Leistungsfähigkeit	-1,00
Qualität der Kopien	-1,50
Spezielle Funktionen	-1,50
Tonerverbrauch	-1,50
Bedienerfreundlichkeit	-2,00

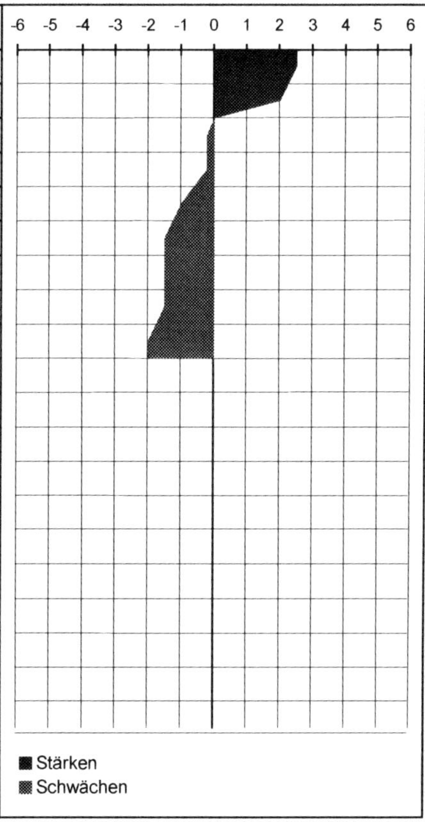

© 1997 MSC - Peter Kairies

Bild 12.9 Die Potenzialanalyse zeigt in diesem Beispiel auf, wo die gravierendsten Differenzen zum Wettbewerber bestehen.

Wettbewerbsvergleich	Stärken-Schwächen-Profil	
Kundenzufriedenheit	Servicewerkstatt : Bürokopierer	
	Gesamt Leistungsindex	Leistungsindex (in %)
Alpha	-0,05	49,17
Beta	0,78	63,00
Gamma	-1,42	26,33

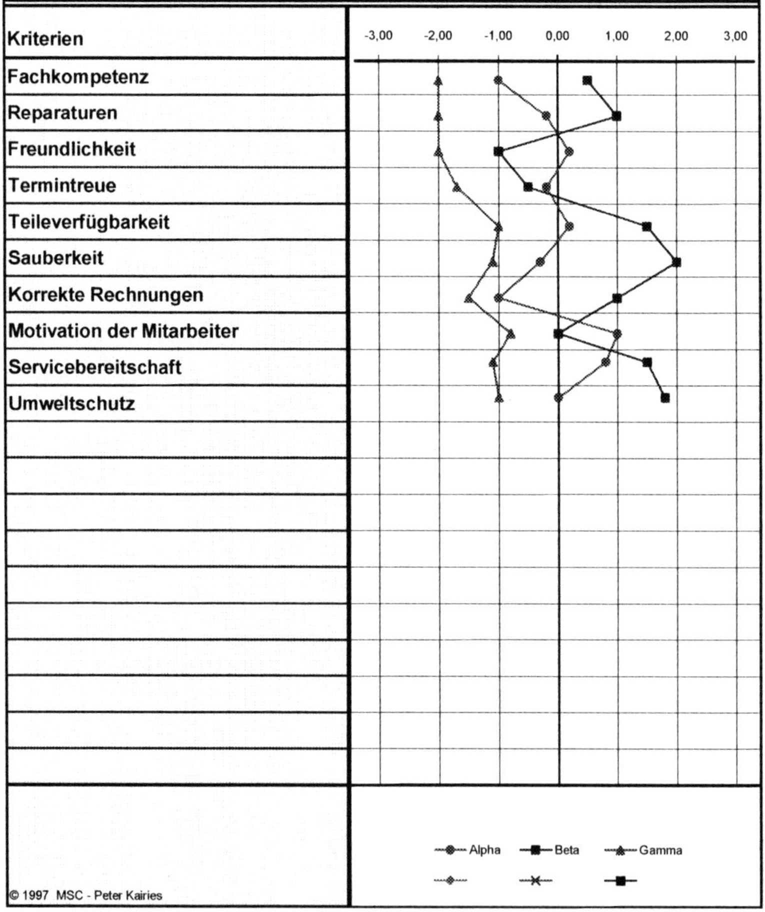

Bild 12.10 Drei Konkurrenzfirmen im Vergleich. Mit welcher Servicewerkstatt sind die Kunden am meisten zufrieden ?

Wettbewerbsvergleich **Potenzial-Analyse**

Produkt	Servicewerkstatt Bürokopierer	**Name**	
Markt	Vergleich mit dem Besten	**Datum**	
Mitbewerber	Alpha	**Update**	

Diagramm zeichnen	**Gesamt Leistungsindex**	**Leistungsindex (in %)**	**Listenpreis (in DM)**
Beta	0,78	63,00	
Alpha	-0,05	49,17	

Kriterien	**Differenz-werte**
Sauberkeit	2,30
Korrekte Rechnungen	2,00
Umweltschutz	1,80
Fachkompetenz	1,50
Teileverfügbarkeit	1,30
Reparaturen	1,20
Servicebereitschaft	0,70
Termintreue	-0,30
Motivation der Mitarbeiter	-1,00
Freundlichkeit	-1,20

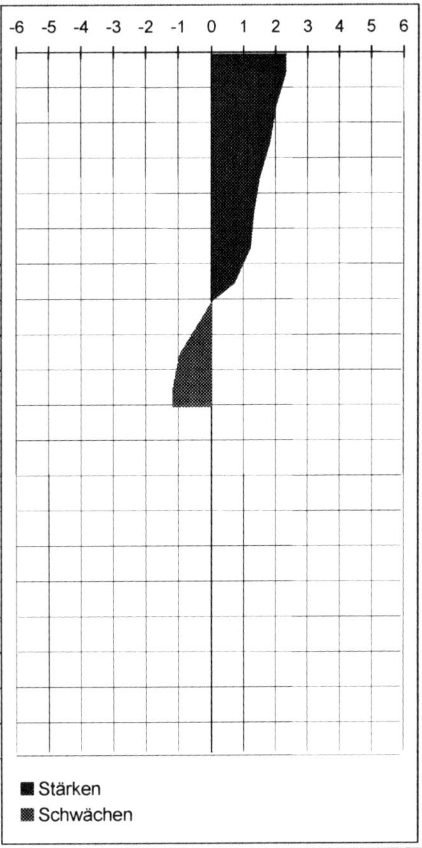

Bild 12.11 Die Potenzialanalyse lässt sofort erkennen, bei welche Kriterien die Alpha GmbH gegenüber dem stärksten Wettbewerber Beta oHG „auftrumpfen" kann.

Wettbewerbsvergleich

Potenzial-Analyse

Produkt	Servicewerkstatt Bürokopierer	**Name**	
Markt	Vergleich mit dem Schlechtesten	**Datum**	
Mitbewerber	Gamma AG	**Update**	

Diagramm zeichnen	Gesamt Leistungsindex	Leistungsindex (in %)	Listenpreis (in DM)
Gamma	-1,42	26,33	
Alpha	-0,05	49,17	

Kriterien	Wert
Motivation der Mitarbeiter	-0,80
Teileverfügbarkeit	-1,00
Umweltschutz	-1,00
Sauberkeit	-1,10
Servicebereitschaft	-1,10
Korrekte Rechnungen	-1,50
Termintreue	-1,70
Fachkompetenz	-2,00
Reparaturen	-2,00
Freundlichkeit	-2,00

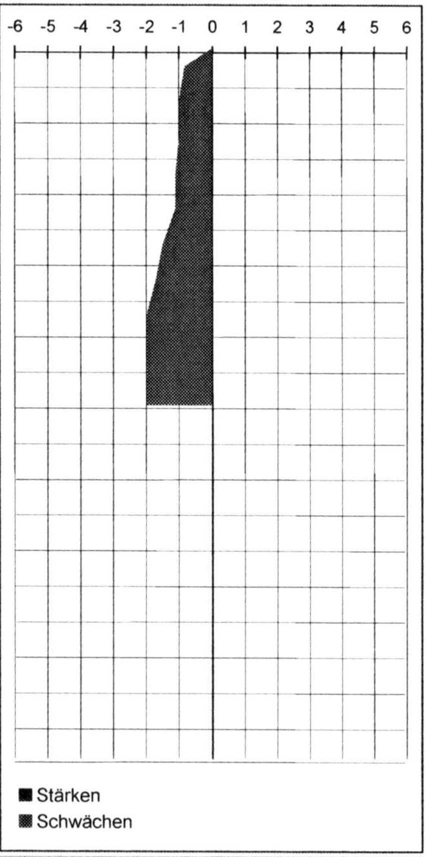

Bild 12.12 Gegenüber dem schlechtesten Wettbewerber führt die Alpha GmbH auf allen Gebieten. Aufpassen muss die Firma in den Bereichen, wo die Differenz nicht mehr sehr groß ist, der Konkurrent könnte schnell aufholen.

Wettbewerbsvergleich **Netz-Profil**

Produkt	Servicewerkstatt Bürokopierer	**Name**	Kairies
Markt		**Datum**	25.07.97
Mitbewerber	siehe unten	**Update**	halbjährlich

	Gesamt Leistungsindex	Leistungsindex (in %)		
Beta	0,78	63,00		
Alpha	-0,05	49,17		
	-1,42	26,33		

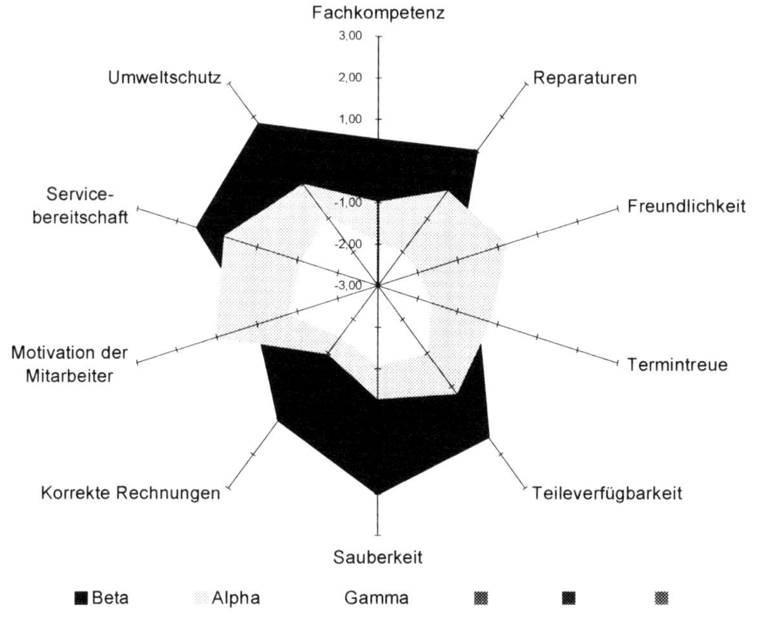

Bild 12.13 Vergleichen Sie mehr als zwei Unternehmen, bietet sich die Netzdarstellung zur optischen Präsentation an.

13. Konkurrenzanalyse: Ihr Unternehmen auf dem Prüfstand

Sie haben sich entschieden, die Konkurrenzanalyse professioneller durchzuführen? Sie stellen sich die Frage: **„Womit fange ich an?“** Vielleicht müssen Sie auch **Entscheider von Ihrem Vorhaben überzeugen.**

Die nachfolgende Analyse hilft Ihnen, die Situation in Ihrem Unternehmen auf den Prüfstand zu nehmen. Arbeiten Sie die folgenden Seiten gewissenhaft durch. Sie benötigen dafür ca. 30 bis 40 Minuten.

1. **Bewerten** Sie die jeweiligen Fragen von -3 (damit sind Sie sehr unzufrieden) bis +3 (damit sind Sie sehr zufrieden; keine Verbesserung mehr möglich bzw. sinnvoll). Null bedeutet: durchschnittlich, weder gut noch schlecht.

2. **Addieren** Sie jeweils die Ergebnisse der einzelnen Fragen einer Gruppe und teilen Sie diese durch die Anzahl. Damit erhalten Sie das entsprechende Gesamtergebnis einer Gruppe (grau schattiert). Übertragen Sie die jeweiligen Gesamtergebnisse in das Stärken-Schwächen-Diagramm.

3. Leiten Sie konkrete **Maßnahmen** ab.

Danach haben Sie ein konkretes Handlungskonzept für die nächsten Schritte, um an der Konkurrenz vorbeizuziehen. Viel Spaß und Erfolg!

Checkliste Konkurrenzanalyse

Die nachfolgende Analyse hilft Ihnen, Stärken und Schwächen Ihrer Konkurrenzüberwachung zu identifizieren und professioneller und wirksamer zu werden.

Analyse: Wie zufrieden sind Sie mit der Konkurrenzanalyse in **Ihrem** Unternehmen?

+ 3 sehr zufrieden
- 3 unzufrieden

1. Identifikation der Wettbewerber (-3 … 0 … +3)

- Es existiert eine vollständige Liste der Wettbewerber
  - für Deutschland
  - für weitere A-Länder
  - für weitere B-Länder
- Die Marktanteile und Umsatzzahlen der Hauptwettbewerber sind bekannt
- Die Wettbewerber sind nach Bedeutung klassifiziert (z. B. ABC-Analyse)

- Existiert eine Matrix Wettbewerber/Produkte?
  - Matrix Wettbewerber/Dienstleistungen?
  - Matrix Wettbewerber Marktsegmente bzw. Großkunden?

Gesamt (-3 … 0 … +3)

2. Informationsfelder (-3 … 0 … +3)

- Die zu beobachtenden Informationsfelder sind festgelegt (z.B. Unternehmen, Produkte, Preise, Marktauftritt usw.)

Gesamt (-3 … 0 … +3)

3. Quellen, Beschaffung, Durchführung (-3 … 0 … +3)

- Für die Beschaffung sind Quellen definiert, die nutzbar sind (z. B. Unternehmensdaten online bei Dun&Bradstreet)

- Es existiert eine Matrix: Informationsfeld (was?) / Quellen (wo beschafft?)

Wie zufrieden Sie mit der Nutzung von folgenden Quellen:

Eigene Mitarbeiter (-3 … 0 … +3)

- GL/Vorstandskontakte
- Eigene Vetriebsmitarbeiter
- Eigene Servicemitarbeiter
- Eigenes Produkt Management

- Eigene Einkäufer
- Sonstige Mitarbeiter

Internet

-3 0 +3

- Homepage des Wettbewerbs
- Suchmaschinen, z.B. lycos.de
- Nützliche Websites, z.B. maschinebau-info.de
- Online-Datenbanken, z.B. FIZ, Genios usw

Dokumente

-3 0 +3

- Geschäftsberichte
- Kataloge und Prospekte
- Technische Dokumente
- Preislisten

Veröffentlichungen

-3 0 +3

- Stellenanzeigen
- Werbeanzeigen
- Pressemitteilungen und Fachartikel
- Videos/CD-ROMs
- Patentrecherchen

Field-Research

-3 0 +3

- Produktuntersuchungen und Vergleiche
- Angebotsvergleiche
- Win-Order-, Lost-Order-Analysen
- Kundenbefragungen
- Befragungen von Wiederverkäufern
- Befragungen von Lieferanten
- Direkte Kontakte zu Wettbewerbern
- Kundenproblemanalysen
- Persönliche Kontakte in Verbänden
- Messepräsentationen
- Externe Spezialisten, z.B. Berater, Dienstleister, usw

Gesamt -3 0 +3

4. Archivierung

Wie zufrieden sind Sie mit der konsequenten Pflege und Nutzung folgender Archivierungsarten ?

-3 0 +3

- Ablageschrank
- Elektronische Datenbank (Dokumentenverwaltungssystem)
- Umfangreiche/"vollständige" Datensammlung
- Die Daten sind systematisch geordnet, übersichtlich archiviert und schnell abrufbar
- Für eine regelmäßige Aktualisierung ist gesorgt

Gesamt -3 0 +3

nk-workshop-s 2

5. Verantwortungsmatrix

Wie gut sind folgende Verantwortlichkeiten in Ihrem Unternehmen festgelegt?

-3 0 +3

- Beschaffung
- Erfassung/Archivierung/Datenbankpflege
- Auswertung
- Gesamtverantwortung

Gesamt -3 0 +3

6. Auswertung

Wie zufrieden sind Sie mit der Auswertung der Konkurrenzinformationen ?

-3 0 +3

- Systematische Auswertung
- Standardisierte Visualisierungsmethoden werden genutzt
- PC-gestützte Visualisierungstools werden genutzt

Gesamt -3 0 +3

7. Reporting

Wie zufrieden sind Sie mit dem Reporting über gewonnene Informationen?

-3 0 +3

- Generelle Verteilung von Wettbewerbsinfos funktioniert gut
- Sonderberichte mit hoher Dringlichkeit werden schnell verteilt
- Monatl. (oder regelmäßiger) Bericht: Konkurrenz-News
- Strategischer Jahresbericht wird erstellt
- Für Reports existiert ein eigens festgelegtes Layout
- Management-Sitzungen/Besprechungen finden statt

Gesamt -3 0 +3

8. Nutzerkreis

Wie zufrieden sind Sie mit der Nutzung der Wettbewerbsinformationen?

-3 0 +3

- Verteiler für Reports und Infos ist festgelegt

Gesamt -3 0 +3

9. Bedeutung und Nutzung

Welche Bedeutung hat die Konkurrenanalyse im Unternehmen?

-3 0 +3

- Die Konkurrenzanalyse hat einen adäquaten Stellenwert
- Unterstützung durch die Unternehmensleitung ist gesichert
- Infos werden durchgängig von allen Betroffenen genutzt

Wie zufrieden sind Sie mit der Nutzung von Wettbewerbsinformationen in folgenden Bereichen?

-3 0 +3

- Vorstand/Geschäftsleitung
- Vertrieb, Key Account Management
- Kundendienst, Service
- F&E, Konstruktion
- Fertigung
- Materialwirtschaft, Einkauf, Logistik
- Personalwesen
- Sonstige

Wofür werden die Informationen genutzt?

-3 0 +3

- Zielsetzungen
- Strategien
- Marktauftritt
- Produktentwicklung

Wofür sollten Sie Ihrer Meinung nach genutzt werden?

____

Gesamt -3 0 +3

10. Kommunikation

-3 0 +3

- Regelmäßiger Erfahrungsaustausch findet statt
- In Meetings haben Infos über die Konkurrenz einen festen Platz

Gesamt -3 0 +3

11. Budget

-3 0 +3

- Es steht ein ausreichendes jährliches Budget zur Verfügung

Gesamt -3 0 +3

12. Wirkung der Konkurrenzanalyse

-3 0 +3

- Zu viele Kunden wechseln zur Konkurrenz
- Viele Kunden springen bei der Konkurrenz ab und wechseln zu Ihnen

Gesamt -3 0 +3

Konk-workshop-s 1

13. Generelles

- Sehr gute Kenntnisse über die Konkurrenz bei allen Betroffenen vorhanden — -3 … 0 … +3
- Die Bereitschaft, die Konkurrenz zu überwachen ist bei allen Betroffenen vorhanden

Sonstige Punkte, die zu berücksichtigen sind

____

____

____

____

Gesamt — -3 … 0 … +3

14. Tragen Sie die jeweiligen Gesamtergebnisse (graue Balken) in das nachstehende Stärken-Schwächen-Diagramm ein.

15. Welches Resümee ziehen Sie aus den o.g. Antworten ?

____

____

____

____

____

____

16. Leiten Sie jetzt konkrete Maßnahmen ab (Formular SWOT)

Diese Checkliste können Sie als Besitzer dieses Buches als Powerpoint-Dokument kostenlos anfordern unter Tel.: 07261-4727

Stärken-Schwächen-Analyse

Produkt		
	Gesamt Leistungsindex	**Leistungsindex (in %)**

Kriterien	-3,00	-2,00	-1,00	0,00	1,00	2,00	3,00
1. Identifikation der Wettbewerber							
2. Informationsfelder							
3. Quellen, Beschaffung							
4. Archivierung							
5. Verantwortungsmatrix							
6. Auswertung							
7. Reporting							
8. Nutzerkreis							
9. Bedeutung/Nutzung							
10. Kommunikation							
11. Budget							
12. Wirkungen der KA							
13. Generelles							

Produkt		**Name**		**Datum**	
Markt		**Datei**		**Update**	
Mitbewerber					

Handlungsbedarf / Maßnahmen

Nr.	Maßnahme	Verantwortlicher	Endtermin	Erledigt

14. Anhang

14.1 Arbeitshilfen

Bewertung eines Konkurrenzunternehmens

1. Unternehmen

1.1 Generelles	
Sitz der Muttergesellschaft	
Töchter	
Rechtsform	
Mitarbeiter Anzahl, Entwicklung	
Umsatz und Umsatzentwicklung	
Spartenumsätze	
Eigentumsverhältnisse	
Gründungsjahr	
Standortbewertung	
Unternehmenskultur	
Mitarbeiterorientierung	
Lohnniveau	
Kernkompetenzen	

Bewertung Kernfähigkeiten ____________________
Stärken ____________________
Schwächen ____________________

1.2 Organisationsstruktur	
Aufbauorganisation, Organigramm	
Konzernzugehörigkeit	
Verflechtungen	
Geschäftsbereiche	

Kooperationen	
Beteiligungen	

Bewertung Organisatorische Stärke

Stärken ______________________________

Schwächen ______________________________

1.3 Management	
Manager-Persönlichkeiten	
Führungskultur	

Bewertung Management-Stärken

Ziele ______________________________

Strategien ______________________________

1.4 Mitarbeiter	
Qualifikation	
Motivation	

Bewertung Mitarbeiter-Stärke

Stärken ______________________________

Schwächen ______________________________

1.5 Kostenstruktur	
Bilanz, GuV-Rechnung, Cash-Flow	
Umsatzrendite	
Kreditwürdigkeit	
Investitionen	
Eigenkapitalquote	

Bewertung Kapitalstärke

Stärken ______________________________

Schwächen ______________________________

1.6 Produktion	
Produktionsstätten	
Ausstattung und Modernisierungsgrad	
Anzahl der Mitarbeiter	
Fertigungstiefe	
Produktionsverfahren	
Fertigungszeiten	
Produktions-Know-how	

Bewertung Produktionsstärke
Stärken ______________________________
Schwächen ______________________________

1.7 Forschung und Entwicklung	
Ausstattungsgrad	
Anzahl der Mitarbeiter	
Time-to-Market	
Forschungs- und Entwicklungsaufwand	
Teilnahme an Innovationsförderprojekten	
F&E-Know-how	
Patente	

Bewertung F&E-Stärke
Stärken ______________________________
Schwächen ______________________________

1.8 Vertrieb/Marketing	
Einschätzung des Vertriebs	
Werbeausgaben	
Marktforschung	
Marketing, Produkt Management	
Internationalisierung	
Anzahl Vertriebsmitarbeiter	

Inlandstöchter, Vertretungen	
Auslandstöchter, Vertretungen	
Vertriebswege	

Bewertung Vertriebs-Stärke Inland [ ]
Rest-Europa [ ]
Asien [ ]
USA [ ]

Stärken ____________________

Schwächen ____________________

1.9 Service	
Art	
Anzahl der Mitarbeiter	
International	

Bewertung Servicestärke [ ]

Stärken ____________________

Schwächen ____________________

1.10 Beschaffung	
Globalisierung	
Hauptlieferanten	

Bewertung Beschaffungs-Stärke [ ]

Stärken ____________________

Schwächen ____________________

2. Produktprogramm, Produkte und Technik

Übersicht über Programm und Produkte	
Hauptumsatzträger, A- und strategische Produkte	
Erfüllungsgrad der KBFs	siehe beigef. Stärken/Schwächen-Analyse

Material-/Herstellkosten	siehe beigef. Tabelle
Produktqualität	
Verfügbare Technologien	
Patente / Schutzrechte	

Bewertung des Produktprogramms
Stärken ______________________________
Schwächen ______________________________

3. Dienstleistungen

Beratung	
Engineering	
Lieferzeit	
Dokumentationen	
Gewährleistungszeit	

Bewertung Dienstleistungsstärke
Stärken ______________________________
Schwächen ______________________________

4. Preise und Preisverhalten

Preis-Niveau	
Preisverhalten	
Rabattgefüge	
Position im Preis-Leistungsdiagramm	
Deckungsbeitrag	

Bewertung der Preisstärke
Stärken ______________________________
Schwächen ______________________________

5. Marktposition und Distribution

Auslandsaktivitäten, Länderschwerpunkte	
Internationalisierungsgrad	
Zielgruppen und Kunden	
Branchenschwerpunkte	

Marktsegmente	
Marktanteile	
Wichtige Schlüsselkunden	
Bekanntheitsgrad	
Grad der Marktorientierung	
Auftritt, Image	

Bewertung der Marktposition
Stärken ______________________________
Schwächen ______________________________

6. Kommunikation

Einschätzung der Prospekte	
Messeauftritt	
Werbung	
Verkaufsförderung	
Öffentlichkeitsarbeit	

Bewertung Kommunikationsstärkestärke
Stärken ______________________________
Schwächen ______________________________

7. Übergeordnete Ziele und Strategien

Unternehmensstrategie	
Produktionsstrategie	
Marktstrategie	
Entwicklungsstrategie	
Produktstrategie	
Zukunftspläne	
Investitionsvorhaben	
Visionen	

Bewertung Zukunftspotenzial
Stärken ______________________________
Schwächen ______________________________

Stärken-Schwächen-Profil

Produkt	

	Gesamt Leistungsindex	Leistungsindex (in %)

Kriterien	-3,00	-2,00	-1,00	0,00	1,00	2,00	3,00
Organisatorische Stärke							
Management-Stärke							
Mitarbeiterstärke							
Kapitalstärke							
Produktionsstärke							
F&E-Stärke							
Vertriebsstärke Inland							
Vertriebsstärke Rest-Europa							
Vertriebsstärke Asien							
Vertriebsstärke USA							
Servicestärke							
Beschaffungsstärke							
Dienstleistungsstärke							
Preisstärke							
Kommunikationsstärke							

14.2 Nützliche Adressen

1. Web-Adressen

Zielgruppensuche
www.globis.de
www.firmendatenbank.de (Hoppenstedt)
www.wlwonline.de (Wer liefert was?)

Buchhandlungen
www.amazon.de
www.libri.de
www.buch.de

Interessante Startseiten
www.yahoo.de (.com)
www.hotbot.com
www.web.de
www.google.de

Meta-Suchmaschinen
www.metacrawler.com

Verbände
www.zvei.de
www.vdma.de
www.bdi-online.de
www.maschinenbau-info.de

Zeitungen/Zeitschriften
www.faz.de
www.vdi-nachrichten.com
www.wirtschaft-online.com
www.handelsblatt.de
www.mut.com (Markt&Technik)

Sonstige
www.job.de
www.uni-mannheim.de
www.diw-berlin.de (Dt. Inst.f. Wirtschaftsforschung)

2. Bundesbehörden

Amt für Veröffentlichungen der EG, 2 rue Mercier, L-2985 Luxemburg
Tel.: 00352-49928-1

Bundeskartellamt, Emser Str. 40/41 10719 Berlin
Tel.: 030-69011, Fax 030-6901400

Bundesamt für gewerbliche Wirtschaft, Frankfurter Str. 29 65760 Eschhorn
Tel.: 06196-4040, Fax 404212

Deutsches Patentamt, Dienststelle Berlin, Gitschiner Str. 97 10969 Berlin Tel.: 030-259920, Fax 25992404

Deutsche Stiftung für internationale Entwicklung, Reiherwerder
13505 Berlin, Tel.: 030-43071, Fax 4307230

Eurostat, Statistisches Amt der EG, Bâtiment Jean Monnet, L-2920 Luxemburg
Tel.: 00352-4301-34567 , Fax 436404

Kraftfahrt-Bundesamt, Fördestr. 16 24944 Flensburg
Tel.: 0461-3160, Fax 3161650

Statistisches Bundesamt, Gustav-Stresemann-Ring 11
65189 Wiesbaden, 0611-751, Fax 724000

2. Wirtschaftsverbände

AUMA Ausstellungs- und Messe-Ausschuss der deutschen Wirtschaft,
Lindenstr. 8, 50674 Köln, Tel.: 0221-209070, Fax 2090712

Deutsche Marketing-Vereinigung e.V., Haroldstr. 14
40213 Düsseldorf, Tel.:0211-864060 Fax 8640640

Deutscher Arbeitgeberverband e.V., Martin-Luther-Str. 78
10825 Berlin, Tel.: 030-7842038

Deutscher Industrie- und Handelstag, An der Kolonnade 10
10117 Berlin, Tel.: 030-2385647

VDMA Verband Deutscher Maschinen- und Anlagenbau e.V., Lyoner Str. 18
60528 Frankfurt, Tel.: 069-6603-0, Fax 6603852

Verein Deutscher Ingenieure, Ahrstr. 45 53175 Bonn
Tel.: 0228-378766

Verband d. Automobilindustrie e. V. (VDA), Rolandstr. 66 53179 Bonn,
Tel.: 0228-331068, Fax 333285

Zentralverband Elektrotechnik- und Elektronikindustrie e.V., Karolingerplatz 10
14052 Berlin, Tel.: 030-3017023, Fax 3019635

3. Datenbanken, Infodienste und Adressverlage

ABC der deutschen Wirtschaft GmbH, Berliner Allee 8, 64202 Darmstadt
Tel.: 06151-3892-0 , Fax 33164

ABC Marketing Datenbank GmbH, Neupfarrplatz 15
93047 Regensburg, Tel.: 0941-56351, Fax 59059

Battelle Institut e.V., Am Römerhof 35 60486 Frankfurt
Tel.: 069-7908-0, Fax 790880

Bertelsmann Informations-Service GmbH, Landsberger Str.191a
80687 München, Tel.: 089-54756301, Fax 54756309

Bundesstelle für Aussenhandelsinformation, Agrippastr. 87-93
50676 Köln, Tel.: 0221-2057-0, Fax 2057212

CED elektr. Datenbanken CD-ROM Verlag GmbH, Lindlaustr. 2a
53842 Troisdorf, Tel.: 02241-94770, Fax 72128

DABIS Gesellschaft für Datenbank-Informationssysteme GmbH
Wilhelmstr. 1B, 79098 Freiburg, Tel.: 0761-383099

Databank Wettbewerbs-, Markt- und Finanzanalyse GmbH, Havelstr. 9
64295 Darmstadt

Deutsches Bibliotheksinstitut Anstalt d. öffentl. Rechts, Alt-Moabit 101 A
10559 Berlin, Tel.: 030-390770, Fax 39077100

Deutscher Adressbuchverlag für Wirtschaft und Verkehr GmbH,
Postf. 10 04 55 64204 Darmstadt, Tel.: 06150-699500, Fax 6995490

The Dialog Corporation, Mainzer Landstr. 46, 60325 Frankfurt, Tel.: 069-94439090, Fax 069-442084

DIN Deutsches Institut für Normung e.V., Burggrafenstr. 6 10787 Berlin
Tel.: 030-2601-1, Fax 2601231

Europäische Datenbank, Prüssingstr. 25 07745 Jena,
Tel.: 03641-607500

Fachinformationszentrum Karlsruhe, Postf. 24 65
76012 Karlsruhe, Tel.: 07247-8080, Fax 808666

Fairbase Datenbank GmbH, Ihmepassage 4 30449 Hannover
Tel.: 0511-443330, Fax 442770

FIZ Technik e.V., Ostbahnhofstr. 13 60314 Frankfurt
Tel.: 069-43080, Fax 4308200

Genios Wirtschaftsdatenbanken Verlagsgruppe Handelsblatt, Kasernenstr. 67
40213 Düsseldorf, Tel.: 0211-8870, Fax 8871520

GBI Gesellschaft für betriebswirtschaftliche Informationen mbH,
Freischützstr. 96, 81927 München, Tel.: 089-9570064

Hoppenstedt Firmeninformationen GmbH, Havelstr. 9
64295 Darmstadt, Tel.: 06151-380-0, Fax 380360

Industriedatenbank Sachon, Schloss Mindelburg
87719 Mindelheim, Tel.: 08261-999-0, Fax 999260

Infomarketing Ges. für Informationsanalyse und Marketingberatung mbH,
Landvogtstr. 1 , 60320 Frankfurt

ONLINE Gesellschaft für Informationsvermittlung mbH, Kurfürsten-Anlage 6
69115 Heidelberg, Tel.: 06221-22671, Fax 21536

pan adress direktmarketing , Semmelweiss-Str. 8, 82152 Planegg
Tel.: 089-85709-0 , Fax 089-85709-200
REMINEX Ges. für Aussenwirtschaftsförderung mbH, Friedrichstr. 40
41460 Neuss

Rudolf Haufe Verlag GmbH & Co. KG, Hindenburgstr. 64
79102 Freiburg, Tel.: 0761-3683-0, Fax 3683195

Schober Direktmarketing GmbH + Co., Max-Eyth-Str. 6-10
71254 Ditzingen, Tel.: 07156-304-0, Fax 304369

Verlag Neue Wirtschafts-Briefe GmbH & Co., Eschstr. 22
44629 Herne, Tel.: 02323-141-0, Fax 141123

WIDAT Wirtschaftsdatenbank und Verlag GmbH, Eschenweg 7
64331 Weiterstadt, Tel.: 06150-14037, Fax 14049

WIS Wirtschafts-Informations-Service GmbH, Parkstr. 9

4. Auskunfteien

D & B Schimmelpfeng GmbH, Rotebühlstr. 85
70178 Stuttgart, Tel.: 0711-6144-0, Fax 6144160

K.I.S. Kreditinformationssystem GmbH & Co. KG, Hohefeldstr. 31-33
13467 Berlin

Schufa Schutzgemeinschaft für allgemeine Kreditsicherung GmbH, Martinistr.
12 28195 Bremen, Tel.: 0421-3630241, Fax 3630249

Seibt Verlag GmbH , Leopoldstr. 208 , 80804 München
Tel.: 089-360903-0 , Fax 364317

Verein Creditreform Wiesbaden e. V., Rheinstr. 86
65185 Wiesbaden, Tel.: 0611-37302, Fax 301996

Verlag Sachon GmbH & Co., Schloss Mindelburg, 87714 Mindelheim
Tel.: 0341-2312114 , Fax 2312088

5. Marktforschungsinstitute

Bonner Institut für Marktforschung, Plittersdorfer Str. 106, 53173 Bonn
Tel.: 0228-364832, Fax 364846
GFM, Gesellschaft für Mittelstandsförderung mbH, Konstanzer Str. 14
682369 Mannheim, Tel.: 0621-471438, Fax 471449

IFM , Am Aukopf 29, 69118 Heidelberg
Tel.: 06221-800485, Fax 800486

infas Absatzplanung GmbH, Viktualienmarkt 5, 80331 München
Tel.: 089-296252, Fax 296407

Infratest GmbH, Moosdorfer Str. 7-9, 10050 Berlin
Tel.: 030-5332210

Media Control GmbH, Lichtentaler Str. 13, 76530 Baden Baden
Tel.: 07721-36602, Fax 366299

Zentrale Marktberichtsstelle GmbH, Beusselstr. 44, 10553 Berlin
Tel.: 030-3954133

6. Sonstige Informationsquellen

cogito, Zeitschrift für den Informationsmarkt GmbH, Verlag Hoppenstedt, Havelstr. 9, 64295 Darmstadt, Tel.: 06151-380-0

PASSWORD, Praxisberater für elektronische Informationsbeschaffung, Verlagsgr. Handelsblatt, Kasernenstr. 67, 40213 Düsseldorf, Tel.: 211-8871406

OLBG-Info, Nachrichtenblatt der deutschen Online-Benutzergruppe, Ostbahnhofstr. 13, 60314 Frankfurt/M. , Tel.: 069-430313, Fax 4909096

Infobase, Internationale Fachmesse für Information, Messe Frankfurt GmbH, Ludwig-Erhard-Anlage 1, 60327 Frankfurt , Tel. 069-7575-0

Deutsche Gesellschaft für Dokumentation e.V., Ostbahnhofstr. 3
60314 Frankfurt, Tel.: 069-430313

Das kleine Datenbank-Lexikon, Klaus Hoek,
Verlag Wirtschaft und Finanzen GmbH, Düsseldorf

7. Anbieter für softwareunterstützte Konkurrenzanalyse und Konkurrenz-Datenbanken

MSC Management Seminar Center GmbH, Heilbronner Str. 29,
74889 Sinsheim, Tel.: 07261-4727, Fax: 07261-5876, www.peterkairies.de

8. Unternehmenskooperationen gegen Produktfälschungen

Arbeitskreis Deutsche Wirtschaft gegen Produkt- und Markenpiraterie (APM), 53 Mitgliedsunternehmen (z.B. Microsoft. Levis Strauss, DaimlerCrysler, Hella, Zwilling), Beitrag 2.650,- € p.a., Kontakt: 0228-104 2717

Business Software Alliance (BSA), 8 Mitgliedsunternehmen in Deutschland (z.B. Microsoft. Apple, Adobe, Autodesk, Macromedia), Kontakt: 089-2735 97 57

Gesellschaft zur Verfolgung von Urheberrechtsverletzungen (GVU), 20 Mitgliedsunternehmen (z.B. Sony, Warner, Fox Home Entertainment, Verband der Unterhaltungs-Software), Kontakt: 040-611 7920

14.3 Weiterführende Literatur

Bensimhon, Dan, How to Win at Everything: Experts Reveal the Fine Art of Beating the Competition, BANTAM, 1996, 0-553-37461-3

Boxwell, Robert J., Benchmarking for Competitive Advantage, McGraw Hill Book Co., 1994, 0-070-06899-2

Brezski, Eberhard, Konkurrenzforschung im Marketing, Deutscher Universitätsverlag., 1993, 3-8244-0170-3

Brockhoff, K., Funktionsbereichsstrategien, Wettbewerbsvorteile und Bewertungskriterien, in: Zeitschrift für Betriebswirtschaftslehre, 1992, 60. Jg., Heft 4, S. 451 ff

Burkan, Wayne, Weitwinkel-Management. (NZ), ECON VERLAG, 1997, 3-430-11607-4

Burkan, Wayne, Wide-Angle Vision: Beat Your Competition by Focusing on Fringe Competitors, Lost Customers, and Rogu, John Wiley & Sons, 1996, 0-471-13416-3

Deysson, C., Wenn Stewardessen lange Ohren machen, in Wirtschaftswoche Nr. 43/92, S. 246-247

Doern, G. Bruce, Comparative Competition Policy: National Institutions in a Global Market, Oxford Univ.Pr., 1996, 0-198-28062-9

Fitz-Enz, Jac, The 8 practices of exceptional companies: How great organizations make the most of their human assets, Amacom, 1997, 0-814-40348-4

Frey, D.N., Information Systems for Business, in: International Journal of Technology Management, 1992, Vol. 7, 6/7/8, S. 390-397

Fuld, Leonard M., The New Competitor Intelligence: The Complete Ressource for Finding, Analyzing, and Using Information, John Wiley & Sons, 1994, 0-471-58508-4

Gildersleeve, Rich, Winning Business:How to use financial analysis and benchmarks to outscore your competition, Gulf Publishing, 1999, 0-88415898-5

Graumann, Jens, Konkurrenzanalyse und Marktforschung preiswert selbst gemacht, mvg 1998, ISBN 3-4788-5120-3

Hemmer, Karl, Wettbewerbs- und Kartellrecht, 2002, ISBN 3-8963-4290-8

Hussey, D.E., Competitor Intelligence: Tuning analysis into success, Wiley & Sons, 1999, 0-471-98407-8

Kairies, Peter, Direktmarketing für technische Produkte und Dienstleistungen, Expert-Verlag 1999, ISBN 3-8169-1711-9

Kairies, Peter, Professionelles Produkt Management für die Investitionsgüterindustrie, Expert-Verlag 2002, ISBN 3-8169-2024-1

Kairies, Peter, So setzen Sie Ihren Außendienst optimal ein, Expert-Verlag 1996, ISBN 3-8169-1354-7

Kami, Michael J., Zehn Prozent besser als die Konkurrenz, Heyne Wilhelm Vlg., 1996, 3-453-09906-0

Kawasaki, Guy/Moreno, Michele, Die Kunst, die Konkurrenz zum Wahnsinn zu treiben, Signum-Verlag, 1996, 3-85436-191-2

Lange, Veronica, Technologische Konkurrenzanalyse, Deutscher Universitäts-Verlag, 1994, 3-8244-0212-2

Luczak, Holger, Logistik-Benchmarking, Springer 2000, ISBN 3-5406-7499-3

Olschowy, W., Externe Einflussfaktoren im Strategischen Innovationsmanagement, Berlin 1990, 3-354-1732-9

Pack, Oskar, 25 schmutzige Tricks der Konkurrenz und wie Sie sich dagegen wehren, Schimmel Vlg., Würzburg, 1999, 3-920-83443-7

Patterson, James G., Grundlagen des Benchmarking, Carl Überreuther Verlag, 1996, 3-7064-0251-3

Porter, Michael E., Nationale Wettbewerbsvorteile. Erfolgreich konkurrieren auf dem Weltmarkt, Überreuter Wirt., 1999, 3-706-40606-3

Porter, Michael E., Wettbewerbsvorteile. Spitzenleistungen erreichen und behaupten. Campus, 2000, 3-593-36178-7

Rau, Harald, Mit Benchmarking an die Spitze. Von den Besten lernen. Falken-Vlg., 1999, 3-806-87503-0

Reider, Rob, Benchmarking Strategies: A tool for profit improvement, Pubs & Distributors Inc., 1999, 0-471-34464-8

Roxin, Jan, Internationale Wettbewerbsanalyse und Wettbewerbsstrategie (mir-Edition).Gabler-Verlag, 1992, 3-409-13745-9

Sabisch, Helmut/Tintelnot, Claus, Integriertes Benchmarking für Produkte und Produktentwicklungsprozesse, Springer-Verlag, 1997, 3-540-61963-1

Sidow, Hans, Key Account Management. Wettbewerbsvorteile durch kundenbezogene Strategien, verlag moderne industrie 2002, 3-4782-2444-6

Stolz, Rainer, Wie Sie Ihre Wettbewerber hinter sich lassen. Vertriebsstrategien in überversorgten Märkten, Sauer, Heidelberg 1995, 3-793-87139-8

Tominaga, Minoru, Erfolgsstrategien für deutsche Unternehmer. So bestehen Sie im globalen Wettbewerb, Econ TB, 1999, 3-612-26634-9

Hersg. v. Sabisch, Helmut, Tintelnot, Claus, Benchmarking, Weg zu unter.-nehmerischen Spitzenleistungen, Schäffer-Pöschl, 1996, 3-7910-1158-8

Zöllner, Werner A., Strategische Absatzmarktplanung, Springer-Verlag, 1990, 3-540-52864-4

Sachwortregister

Inhalt